AF298816

EMILE DURAND

COURS D'HARMONIE

PREMIÈRE PARTIE

HARMONIE CONSONANTE

(Page 1 à 208.)

PARIS

ALPHONSE LEDUC, ÉDITEUR, 3, RUE DE GRAMMONT

Propriété réservée pour tous Pays

Tous Droits de Traduction réservés

Paris, Imp. A. Chaimbaud & Cie, 16, rue de la Tour d'Auvergne.

1880

C

Emile Durand

COURS D'HARMONIE

PREMIÈRE PARTIE

HARMONIE CONSONANTE

PARIS

ALPHONSE LEDUC, EDITEUR, 3, RUE DE GRAMMONT

Propriété réservée pour tous Pays

Tous Droits de Traduction réservés

Paris Imp. A.Chaix et C¹ᵉ, 18, rue de la Tour d'Auvergne.

1880

[Vm⁸. 278

NOTIONS PRÉLIMINAIRES

§ 1. — La *tonalité moderne*, base de notre système musical actuel, repose, principalement, sur les deux échelles de sons que l'on nomme *gammes diatoniques majeure* et *mineure*.

GAMME DIATONIQUE MAJEURE DU TON DE DO.

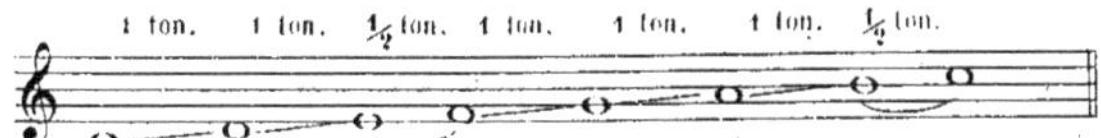

GAMME DIATONIQUE MINEURE DU TON DE LA.

Pris dans une acception plus restreinte, le mot *tonalité* exprime l'ensemble des notes d'une gamme diatonique, quel que soit l'ordre dans lequel elles se suivent.

Le mot *ton* est très usité dans le sens de *tonalité*.

§ 2. — Toute musique, mélodique ou harmonique, qui n'est composée que de *notes* faisant partie de la *gamme diatonique* du ton qui existe au moment de leur émission est du *genre diatonique*.

2

§ **3**. — Si l'on partage en *deux demi-tons* chacun des espaces *d'un ton* contenus dans une gamme diatonique, soit au moyen des *altérations supérieures*, soit au moyen des *altérations inférieures*, on obtient une échelle de sons procédant entièrement par *demi-tons* qu'on nomme *gamme chromatique*.

(L'espace d'un ton-et-demi, qui se trouve du 6ᵐᵉ au 7ᵐᵉ degré de la gamme diatonique mineure, devrait-être, nécessairement, partagé en trois demi-tons.)

GAMME CHROMATIQUE ASCENDANTE **DO MAJEUR** *GAMME CHROMATIQUE DESCENDANTE*

(Les *rondes* représentent les *notes diatoniques*; les *points noirs* les notes *chromatiques ou altérées*.)

§ **4**. — L'emploi *successif* ou *simultané* des notes *diatoniques* et des notes *chromatiques* ou *altérées*, constitue le *genre chromatique*, lequel a pour *bases* les diverses *gammes chromatiques* des *deux modes*.

MÉLODIE DU GENRE CHROMATIQUE

MÉLODIE ET HARMONIE CHROMATIQUES

§ **5**. — Enfin, un *troisième genre* naît de la succession de certaines notes, telles que *do* ♯ et *ré* ♭, *sol* ♭ et *fa* ♯, *si* ♯ et *do* naturel, dont l'intonation est presque identique; et même, l'est absolument sur les instruments à clavier: c'est le *genre enharmonique*.

ENHARMONIES

A.L.6501.

DES DEGRÉS

§ 6. — On désigne, par le mot, *degré*, chacune des notes d'une gamme diatonique.

Le 1er degré se nomme aussi *tonique*; le 2me, *sus-tonique*; le 3me, *médiante*; le 4me, *sous-dominante*; le 5me, *dominante*; le 6me, *sus-dominante*; le 7me, *note sensible*, ou simplement, *sensible*. (Le 8me degré, n'étant que la reproduction du 1er, se nomme comme lui, *tonique*.)

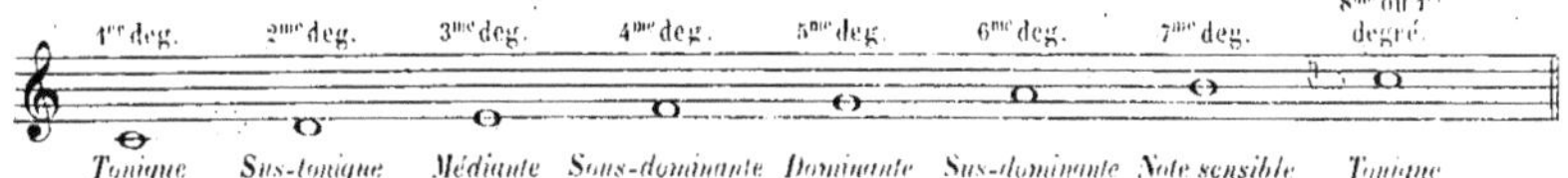

DEGRÉS CONJOINTS — DEGRÉS DISJOINTS

§ 7. — On nomme *degrés conjoints*, deux degrés *contigus* formant un intervalle de *seconde* ; que cette seconde soit mineure, majeure ou augmentée. (A ce point de vue, le demi-ton chromatique peut être assimilé à la seconde mineure.)

§ 8. — On nomme *degrés disjoints*, ceux entre lesquels il y a un intervalle *excédant la seconde*: ainsi, deux notes à distance de tierce, quarte, quinte ou plus, forment des degrés disjoints.

EXERCICE

A chacun des *groupes de notes* ci-dessous, ajouter les *désignations* suivantes, disposées *comme dans le premier groupe*; savoir: 1° la *tonalité* et le *mode*; 2° le *degré* qu'occupe chaque note dans la gamme, ainsi que le *nom* qu'on donne à ce degré; 3° le rapport *conjoint* ou *disjoint* qui existe *entre les degrés qui se suivent*.

Nous indiquons les différents degrés par des *chiffres romains*.

DES INTERVALLES

§ 9. — On nomme *intervalle*, la *distance* qui existe entre deux sons, *comme intonation*.

Les divers intervalles se mesurent par *tons*, et par *demi-tons diatoniques* et *chromatiques*, en allant du *grave à l'aigu*; ils tirent leurs noms du *nombre* de *degrés diatoniques* dont ils sont composés.

D'après cela, l'intervalle formé de deux degrés diatoniques-conjoints est appelé *seconde*; celui de trois degrés, *tierce*; quatre degrés donnent une *quarte*; cinq degrés, une *quinte*; six degrés, une *sixte*; sept degrés, une *septième*; huit degrés, une *octave*; neuf degrés, une *neuvième*. On aurait, en poursuivant, la *dixième*, la *onzième* etc:

TABLEAU DES INTERVALLES LES PLUS USITÉS
soit mélodiquement soit harmoniquement (*)

Abréviations.
T . . . . ton
½ d . . . . . . demi-ton diatonique.
½ ch. . . . . . demi-ton chromatique.

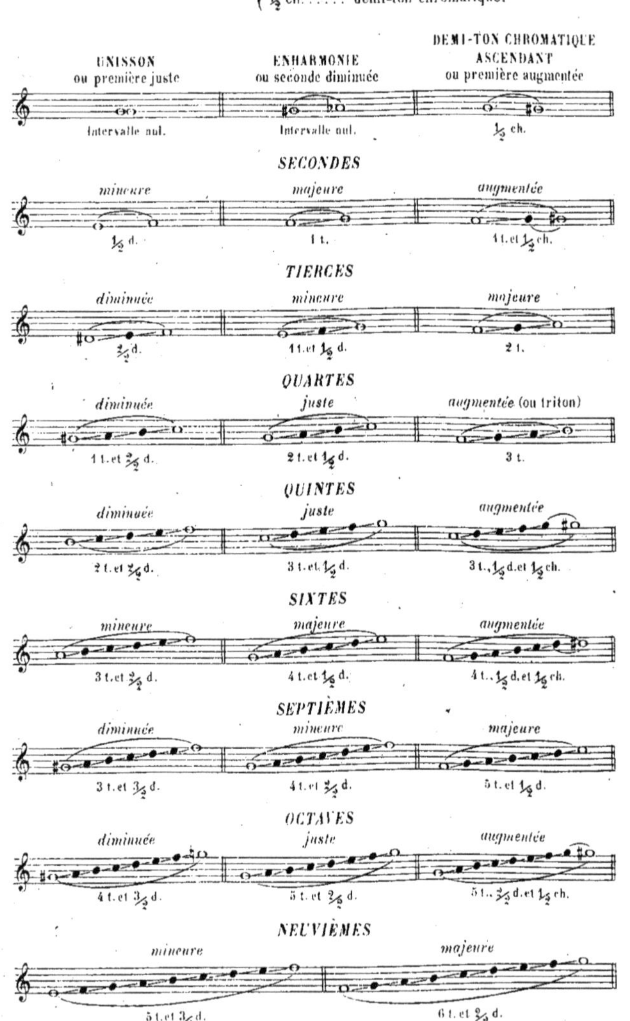

(*) On trouvera, à la page   le complément de ce tableau.

EXERCICES

Évaluer chacun des intervalles suivants. Le surmonter de sa désignation: 2de 3^{ce} ou 4te etc: et indiquer, par dessous, sa *capacité* en tons et demi-tons.

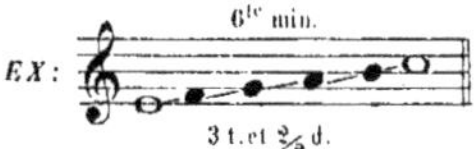

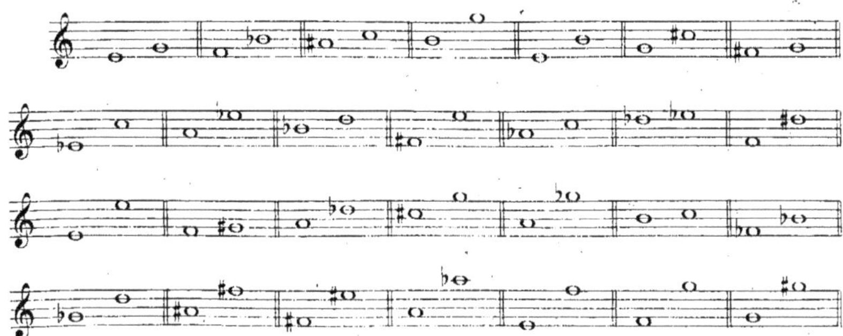

Former au dessus des notes suivantes les intervalles désignés.

INTERVALLES SIMPLES — INTERVALLES REDOUBLÉS

§ 10. — Un intervalle est *simple,* lorsqu'il n'est pas plus grand que l'octave juste; il est *redoublé,* lorsqu'il excède cette distance, et dans ce cas, il est considéré comme la *réplique* d'un intervalle simple à une ou plusieurs octaves au-dessus.

RENVERSEMENT DES INTERVALLES

§ 11. — *Renverser* un intervalle, c'est porter sa *note grave* à *l'aigu* ou sa *note aiguë* au *grave*. On ne peut *renverser* que les *intervalles simples*.

Par le renversement:

La 2de devient 7me

La 3^{ce} devient 6te

La 4te devient 5te

La 5te devient 4te

La 6te devient 3^{ce}

La 7me devient 2^{de}

En transportant au *grave* ou à l'aigu l'une des notes formant *unisson*, on obtient l'*octave*.

En transportant au *grave* la note aiguë de l'8^{ve}, ou à l'aigu, sa note *grave*, on retrouve l'*unisson*.

De plus, un intervalle *majeur* a, pour renversement un intervalle *mineur*; et *vice versa*.

Un intervalle *augmenté* a pour renversement un intervalle *diminué*; et *vice versa*.

Le renversement d'un intervalle *juste* est *juste* lui-même.

INTERVALLES MÉLODIQUES — INTERVALLES HARMONIQUES

§ 12. — L'intervalle qui se trouve entre *deux sons successifs* est un *intervalle mélodique*; celui qui se trouve entre *deux sons simultanés* est un *intervalle harmonique*.

Des CONSONANCES et des DISSONANCES

§ **13.**— On divise les intervalles harmoniques en deux classes principales, savoir:
1° Les *intervalles consonants* ou simplement les *consonances*.
2° Les *intervalles dissonants* ou simplement les *dissonances*.

§ **14.**— Les *intervalles consonants* sont ceux qui ont, par eux-mêmes, le *caractère du repos*; ou qui, tout au moins, peuvent entrer, à un titre quelconque, dans la composition d'un *accord* ayant ce *caractère*.

Un tel accord reçoit la qualification de *parfait*, parce que, de prime-abord, il satisfait l'oreille au point de ne lui rien laisser désirer, tant il a le *sens achevé*.

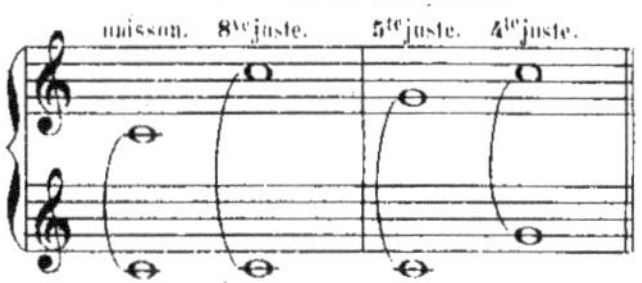

§ **15.**— On compte *deux espèces* d'intervalles consonants, savoir:
1° Les consonances *invariables*.
2° Les consonances *variables*. (*)

§ **16.**— L'*unisson* et l'*octave juste*, la *quinte* et la *quarte justes* sont des *CONSONANCES INVARIABLES*; parce que ces intervalles ne pourraient être *ni agrandis ni amoindris sans perdre* leur caractère.

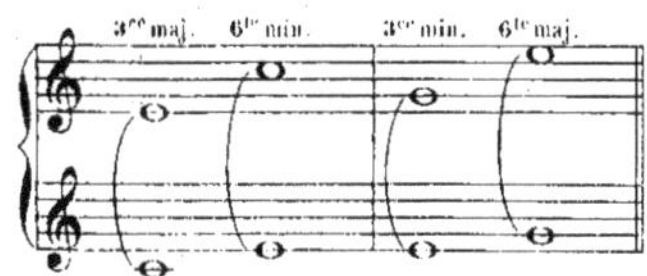

§ **17.**— La *tierce* et la *sixte* sont des *CONSONANCES VARIABLES*; parce qu'elles peuvent être *majeures* ou *mineures* et rester *consonantes*.

§ **18.**— Les *intervalles dissonants* sont ceux qui ont, dans tous les cas, besoin d'une *résolution*, c'est-à-dire *d'une suite*; et qui, conséquemment, *excluent* toute idée de repos définitif ou de conclusion.

Par cette raison, toutes les *secondes*, toutes les *septièmes*, toutes les *neuvièmes* et tous les intervalles *diminués* ou *augmentés* sont des *DISSONANCES*.

En résumé, *tout intervalle non consonant est dissonant*.

Il suffit donc de bien connaître les *consonances*, pour savoir également quelles sont les dissonances.

(Tous les intervalles harmoniques peuvent être *redoublés* (§ 10), sans changer de nature, comme consonances ou disson.)

EXERCICE

Indiquer la nature des intervalles suivants: (2de 3ce 4te etc); désigner les consonances *invariables* par *C inv:*; les consonances *variables* par *C var:*; et les *dissonances* par *D*.

(*) Les théoriciens sont très partagés sur le *classement* des intervalles harmoniques et sur la *qualification* des diverses espèces de *consonances*. Généralement, on nomme consonances *parfaites*, l'unisson, la quinte juste et l'octave juste; consonances *imparfaites*, les tierces et les sixtes; consonance *mixte*, la quarte juste. — Rien ne justifie ces *appellations*, car, on est obligé de convenir que les *consonances imparfaites* sont *plus harmonieuses* que celles dites *parfaites*: ce qui ressemble fort à une anomalie. Quant à la qualification de *consonance mixte* ou *neutre*, cela ne veut rien dire. (voir plus loin le § 43)

DE L'HARMONIE
des parties harmoniques et de leurs mouvements

§ 19.— La *science de l'harmonie* a pour objet de faire connaitre les lois qui régissent la *formation* et l'enchainement des *ACCORDS*.

Elle enseigne aussi l'art d'écrire *à plusieurs parties*.

§ 20.— On nomme *parties*, les différentes *suites mélodiques* qui, *réunies*, forment un *tout*, un *ensemble harmonique*.

REMARQUES.— La partie *la plus haute* se nomme *1re partie* ou *partie supérieure*.
Celle qui lui est *immédiatement inférieure*, *2me partie*.
Plus bas que celle-ci se trouve la *3me*.
Plus bas encore la *4me*.
Toutes les parties, autres que la plus grave, sont, relativement à celle-ci, les *parties supérieures*.
La partie *la plus grave* se nomme *basse*, à quelque voix, à quelque instrument qu'elle appartienne.
La *1re partie* et la *basse* sont encore appelées *parties extrêmes*; les parties du milieu, *parties intermédiaires*.

DIVERSES MANIÈRES DE DISPOSER L'HARMONIE

§ 21.— On peut faire de l'harmonie à deux, trois, quatre parties et davantage.

Elle peut-être disposée pour *plusieurs voix*, *plusieurs instruments* ou, seulement, pour un instrument à clavier: *orgue* ou *piano*.

§ 22.— Le *style vocal* est celui que l'on a généralement adopté pour l'étude de l'harmonie et du contrepoint, parce qu'il est plus difficile à traiter que le *style instrumental*, à cause de l'étendue *relativement bornée* des voix et des difficultés vocales que présentent certaines intonations.

§ 23.— Bien qu'on puisse s'affranchir, dans la musique instrumentale, de la rigueur de certaines règles établies principalement pour la musique vocale, on devra s'astreindre à suivre ces règles en écrivant les exercices de cette méthode, quelle que soit, d'ailleurs, la disposition harmonique qu'on ait adoptée.

DES MOUVEMENTS

§ **24.** — Le *mouvement de translation* d'un son à un autre dans *une même partie*, se nomme *mouvement mélodique*.

§ **25.** — L'*ensemble* de plusieurs mouvements mélodiques *simultanés* produit le *mouvement harmonique*.

DU MOUVEMENT MÉLODIQUE

§ **26.** — Le mouvement mélodique doit être *naturel* et *facile;* c'est pourquoi l'on ne doit procéder, dans chaque partie, que par intervalles ascendants ou descendants de seconde majeure ou mineure, tierce majeure ou mineure, quarte juste, quinte juste, sixte mineure et octave juste, ou par demi-ton chromatique, lorsqu'il y a modulation ou altération. (*)

§ **27.** — On peut aussi, et *surtout en montant*, faire le saut de sixte majeure, mais on doit ne pratiquer ce grand intervalle mélodique qu'avec réserve, et ne pas employer celui qui se trouve du 2me au 7me degré des deux modes.

§ **28.** — L'intervalle mélodique de *quinte diminuée* est également permis, mais seulement en *descendant du 4me degré au 7me*, et cela, à la condition de faire *monter* ce 7me degré, note sensible, à la *tonique*, soit immédiatement, soit après avoir touché à la *sus-tonique*.

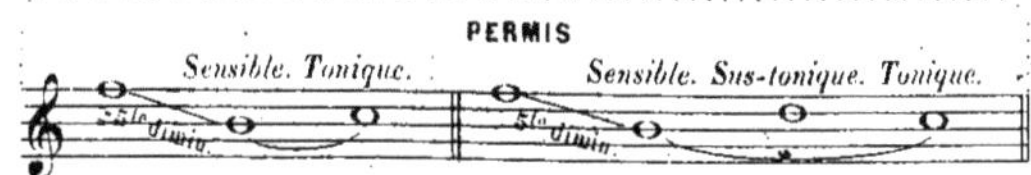

§ **29.** — Sont *généralement défendus:*

Tous les intervalles de septième, neuvième et *au delà*, ainsi que les intervalles *diminués* ou *augmentés*, sauf l'exception précédente, concernant la *quinte diminuée*, et d'autres exceptions dont il sera parlé plus tard. (**)

(*) On emploie, parfois, l'expression de *saut mélodique* pour celle d'*intervalle mélodique* par degrés disjoints. On peut donc dire: "*le saut de 3ce, de 4te etc....*"; mais on ne dirait pas: *le saut de 2de*.

(**) Ces règles ne sont rigoureusement appliquées que dans l'*harmonie élémentaire*. (voir au complément

DESSINS OU TOURNURES MÉLODIQUES À ÉVITER

§ 30. — Certains intervalles mélodiques *restent défectueux*, bien que les deux notes qui les forment soient *séparées* par une *note intermédiaire*.

Tels sont les intervalles de *septième mineure*, et surtout de *septième majeure*, ainsi que les *neuvièmes*, lorsque ces intervalles sont le résultat de *deux sauts successifs* dans une *même direction*.

INTERVALLES DÉFECTUEUX MALGRÉ LA NOTE INTERMÉDIAIRE

§ 31. — Ces *intervalles* ne sont *admissibles*, que si la *note intermédiaire* est en *rapport conjoint*, avec *l'une ou l'autre* des notes qui les forment.

MÊMES INTERVALLES RENDUS POSSIBLES

§ 32. — Néanmoins. *deux sauts successifs*, donnant pour *somme* une *septième mineure*, peuvent être *admis*, s'ils sont en *valeurs longues*. (Cette exception s'adresse plus particulièrement à la septième mineure qu'on trouve, en montant, du 5me au 4me degré; et, en descendant, du 4me au 5me.)

§ 33. — On doit éviter aussi des *dessins mélodiques* tels que les suivants, dont les *notes extrêmes* (au grave et à l'aigu) forment des intervalles de *quarte augmentée* ou de *quinte augmentée*.

DESSINS OU TOURNURES MÉLODIQUES À ÉVITER

§ 34. — Mais. si la note intermédiaire dépasse, au grave ou à l'aigu, *les deux notes* formant ces intervalles, leur *défectuosité disparaît*.

DESSINS PERMIS

Il en est de même, lorsque, des deux notes formant quarte ou quinte augmentée, *la dernière se trouve au temps faible*, et *s'enchaîne à la note qui lui succède*, de l'une des manières suivantes, selon le cas: 1° Dans les passages *ascendants*, la *note aiguë* de l'intervalle *augmenté* doit *monter d'un demi-ton*, du *temps faible* au *temps fort*.

2° Dans les passages *descendants*, la *note grave* de l'intervalle *augmenté* doit *descendre d'un degré* du *temps faible* au *temps fort*.

(L'intervalle descendant de quinte augmentée ne peut être, que rarement, sauvé par ce moyen).

EXERCICE

Désigner par la lettre P les *intervalles* et les *dessins* permis, et par la lettre D, ceux qui sont défendus.

DU MOUVEMENT HARMONIQUE

§ 35. — Les mouvements respectifs des parties donnent lieu à *trois combinaisons*, savoir:

1° Le *mouvement direct*, qui a lieu lorsque les parties *montent ensemble* ou *descendent en même temps*.

12

2° Le *mouvement oblique*, qui a lieu lorsqu'une partie *reste au même degré* tandis que l'autre *monte* ou *descend*.

MOUVEMENT OBLIQUE

3° Le *mouvement contraire*, qui a lieu lorsque les parties marchent en *sens inverse*, c'est-à-dire que l'une *monte* pendant que l'autre *descend*.

MOUVEMENT CONTRAIRE

§ 36. — De ces trois mouvements, le *plus élégant* est le *mouvement contraire*; le *mouvement oblique* tient le *second rang*; le *mouvement direct*, le *troisième*.

On doit procéder, le plus possible, par mouvement *contraire* ou mouvement *oblique*.

EXERCICE

Désigner les divers mouvements harmoniques ci-après.

DES QUINTES, DES OCTAVES ET DES UNISSONS CONSÉCUTIFS

§ 37. — Il est défendu de faire *de suite*, deux ou plusieurs *quintes justes*, deux ou plusieurs *octaves* ou *unissons*, soit par le mouvement *direct*, soit par le mouvement *contraire*.

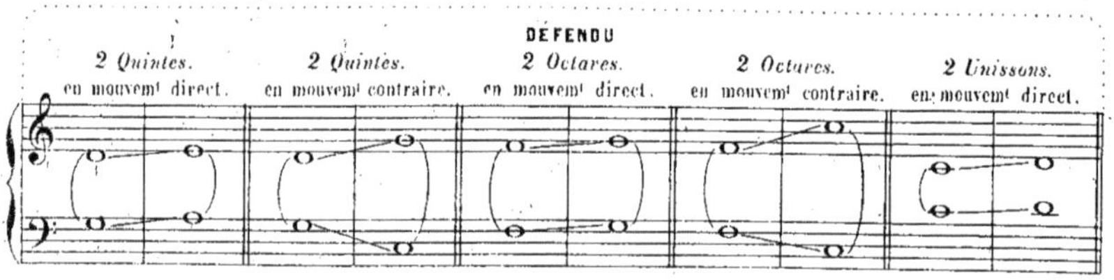

Cela s'appelle faire des *quintes*, des *octaves* ou des *unissons consécutifs*.

Un *unisson* suivi d'une *octave*, ou une *octave* suivie d'un *unisson* sont également *défendus*, à moins que cette succession ne soit le résultat d'une permutation d'octave dans une partie ou dans deux; ce qui produit: pour le premier cas, un *mouvement oblique*; et pour le second cas, un *mouvement contraire*.

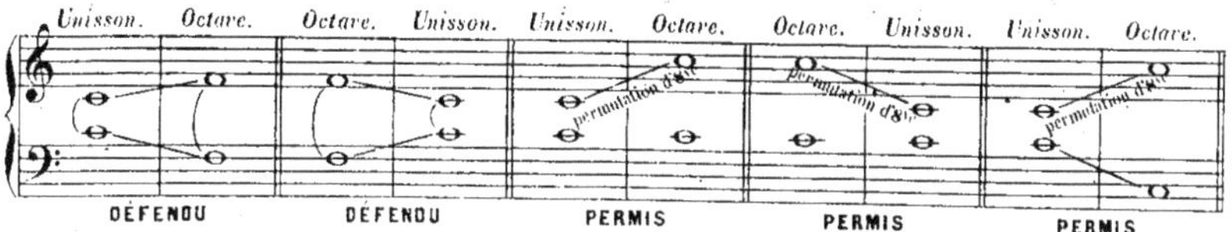

§ **38.**—On peut *répéter*, plusieurs fois de suite, *une même quinte* ou *une même octave*; cela ne constitue pas *des* quintes ou *des* octaves consécutives.

DE LA QUINTE, DE L'OCTAVE ET DE L'UNISSON DIRECTS

§ **39.**— Il est défendu *d'aboutir* à une *quinte juste*, à une *octave* ou à un *unisson*, par le *mouvement direct*.

Cela s'appelle "faire *la quinte, l'octave* ou *l'unisson directs.*"(*)

EXCEPTIONS

Nous nous bornerons, pour le moment, à donner *l'exception* suivante, les *autres* n'étant point applicables à nos premiers exercices.

QUINTE DIRECTE PERMISE

§ **40.**— On permet la *quinte directe* sur la *tonique* et sur la *dominante* placées à la *basse*, pourvu que la *partie supérieure aboutisse* à cette quinte par *degrés conjoints*.

(*) Dans la plupart des traités, où les qualifie de *quinte et d'octave cachées*, on omet de parler de *l'unisson direct*.

DES CROISEMENTS

§ 41. — Dans l'harmonie élémentaire, il est défendu de *croiser* les parties: c'est-à-dire qu'on ne doit pas faire descendre, même momentanément, une *partie supérieure au-dessous* d'une *partie* qui lui est *inférieure, et vice versa.*

EXERCICE

Indiquer les fautes de quintes, d'octaves et d'unissons *consécutifs;* celles de quinte, d'octave et d'unisson *directs,* ainsi que les *croisements* que l'on pourra rencontrer dans la leçon suivante. Mentionner les *exceptions* concernant la *quinte directe.*

LEÇON EN DO MAJEUR
contenant de nombreuses fautes

Iʳᵉ SECTION

HARMONIE DIATONIQUE NON-MODULANTE

CHAPITRE I

CONTREPOINT NOTE CONTRE NOTE A DEUX PARTIES

§ 42.— On entend par *contrepoint note contre note* à deux parties, un *chant* procédant par *notes égales*, accompagné par un *autre chant* ayant les *mêmes valeurs de notes*.

EXEMPLE D'UN CONTREPOINT NOTE CONTRE NOTE A DEUX PARTIES

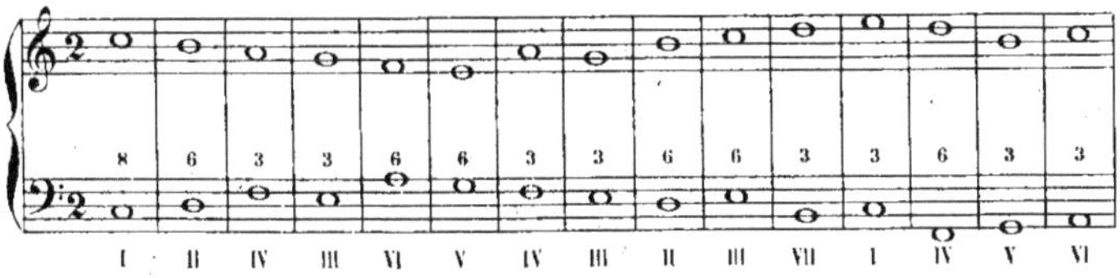

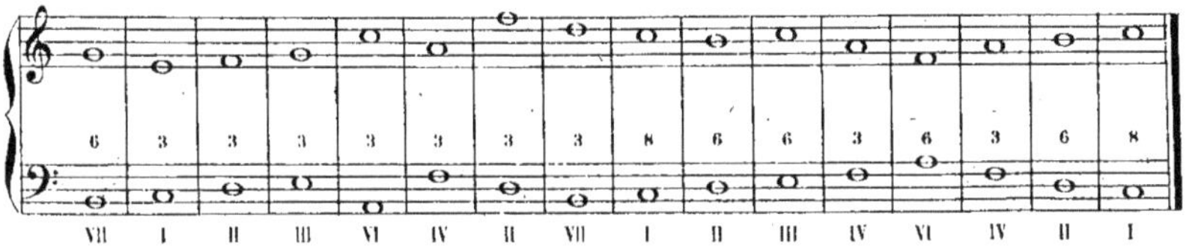

(Pour éviter toute confusion et abréger, nous donnerons le nom de *basse* au chant de la *partie grave*, n'appliquant le nom de *chant* qu'à la partie *supérieure* seulement.)

§ 43.— Dans le contrepoint note contre note à deux parties, on ne doit employer que des *consonances*. La quarte juste est la seule consonance qui n'y soit point admise.

On doit se servir plus souvent des consonances variables (tierces et sixtes majeures et mineures) que des consonances invariables (quinte et octave justes); parce que *ces dernières sont moins harmonieuses que les premières*.

Au reste, il est bon d'entremêler les diverses espèces de consonances, pour obtenir de la variété dans les effets.

§ 44.— Pour l'étude préparatoire qui *nous occupe*, nous donnerons la *partie grave* que nous nommerons *basse donnée*.

§ 45.— Le choix de l'*intervalle harmonique* à employer sur chaque note de la *basse donnée* sera déterminé:

1° Par la place qu'occupe cette note dans la gamme;

2° Par les mouvements *conjoint* ou *disjoint, ascendant* ou *descendant* de cette note à la note suivante.

INTERVALLES HARMONIQUES A EMPLOYER SUR LES DIVERS DEGRÉS

RÈGLES GÉNÉRALES

DE LA TIERCE

§ 46.— *A*. La *tierce* convient à *tous les degrés,* quels que soient les mouvements de la basse.

B. Mais, une *longue suite de tierces,* par *mouvement direct* ne produisant qu'une harmonie *plate* et *monotone,* on ne doit pas en faire plus de *trois* ou *quatre* de suite dans une *même direction,* c'est-à-dire: *toutes en montant* ou *toutes en descendant.*

C. *Trois* ou *quatre tierces,* de suite, dans une *même direction* et par *degrés disjoints,* peuvent être mauvaises; parce qu'elles donnent souvent l'impression de *deux tonalités différentes* marchant ensemble, ce qui s'accorde mal.

D. Mais, par le *mouvement contraire,* on peut faire un *nombre illimité* de tierces.

DE LA QUINTE

§ 47. — La *quinte* convient principalement, et *dans tous les cas*, aux 1er, 4me et 5me degrés. (Voir le §

Elle convient encore au 2me et au 6me degré, lorsque ceux-ci procèdent à la note qui les suit par *degrés disjoints*, et surtout par intervalles de *quarte* ou de *quinte*.

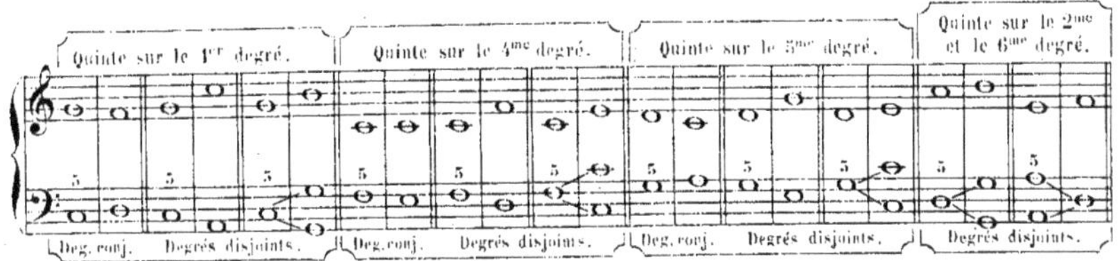

DE LA SIXTE

§ 48. — La *sixte* convient principalement, et *dans tous les cas*, aux 3me, 6me et 7me degrés.

Elle convient encore au 2me et au 4me degré, lorsque ceux-ci procèdent à la note qui les suit par *degrés conjoints*, ou par intervalles de *tierce* ou de *sixte*.

A la rigueur, on peut quelquefois placer la sixte sur la dominante et même sur la tonique, surtout si l'on procède par degrés conjoints dans l'une des parties ou dans toutes les deux.

(Les règles relatives aux suites de *sixtes* sont les mêmes que celles concernant les suites de *tierces*.) Voir § 46 B.C.D.

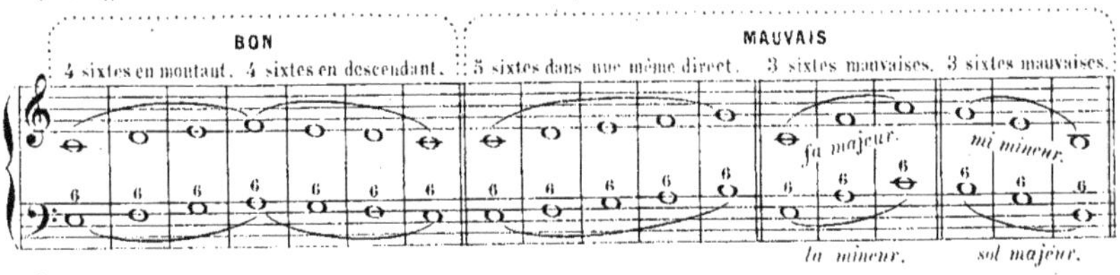

DE L'OCTAVE

§ 49. — L'*octave*, intervalle *presque nul* au point de vue harmonique, ne s'emploie guère que *sur la tonique*, à la première et à la dernière mesure.

Pourtant, on peut pratiquer cet intervalle, mais rarement dans le cours d'une leçon, sur le 1er et le 5me degré; plus rarement sur le 2me, le 4me et le 6me; on doit s'en abstenir complètement sur le 3me, et surtout sur le 7me degré.

DE L'UNISSON

§ 50. — L'*unisson*, intervalle *absolument nul*, doit être évité dans nos exercices à deux parties.

DE LA FAUSSE RELATION DE TRITON

§ **51.** — Lorsque le *4ᵐᵉ degré*, mis dans *une partie*, est immédiatement *précédé* ou *suivi* du *7ᵐᵉ degré* dans *une autre partie*, il résulte du contact de ces deux degrés une relation souvent désagréable que l'on appelle *fausse relation de triton*.

(Cette expression vient du rapport de *quarte augmentée* qui existe entre le 4ᵐᵉ et le 7ᵐᵉ degré dans les deux modes.)

FAUSSE RELATION DE TRITON

Ton de Do Majeur

§ **52.** — C'est pour éviter cette *fausse relation de triton* qu'on défend les *enchaînements d'intervalles harmoniques* suivants :

1° *Deux tierces majeures* par mouvement *ascendant* ou *descendant d'un ton*; et, à plus forte raison, le *retour de la 2ᵐᵉ tierce majeure à la 1ʳᵉ*, ce qui en ferait *trois de suite*.

ENCHAÎNEMENTS DÉFENDUS

2° Dans le *mode majeur*, la *tierce* du *4ᵐᵉ degré* suivie de la *quinte du 3ᵐᵉ*; et dans les deux modes, la *tierce* du *5ᵐᵉ degré* suivie de la *quinte du 4ᵐᵉ*.

(Pris dans *l'ordre inverse*, ces enchaînements sont *permis*; bien qu'ils renferment les deux notes en relation de triton.)

ENCHAÎNEMENTS DÉFENDUS   **ENCHAÎNEMENTS PERMIS**

EXCEPTION

§ **53.** — *Deux tierces majeures* par mouvement *ascendant* ou *descendant d'un ton* peuvent être permises, quand la deuxième arrive *transitoirement* (c'est-à-dire *en passant*,) dans une série de *trois* ou *quatre* notes par *degrés conjoints*.

DEUX TIERCES MAJEURES PERMISES

Il est à remarquer, que c'est, principalement, lorsqu'on fait *un repos* sur le *second* des deux intervalles contenant *les notes* en rapport de *quarte augmentée*, que la *fausse relation de triton* apparaît dans toute sa *dureté*.

§ 54. — En *renversant* les *deux tierces majeures* signalées au § 52, on obtient un enchaîne-ment de *sixtes mineures*, contenant *les notes* qui, dans le premier cas, étaient en rapport de *quarte augmentée* et produisaient la fausse relation de triton.

ENCHAÎNEMENTS DE DEUX SIXTES MINEURES
contenant le 4ᵐᵉ et le 7ᵐᵉ degré.

Par ce *renversement*, le *rapport* de *quarte augmentée* qui existait primitivement se change en celui de *quinte diminuée*, beaucoup plus doux; ce qui rend *plus admissible* la succession des *deux sixtes mineures* que celle des deux *tierces majeures*.

Mais, si l'on insistait sur *ces deux sixtes, en passant* alternativement de l'une à l'autre, l'effet en deviendrait mauvais.

ENCHAÎNEMENTS MAUVAIS DE SIXTES MINEURES
par mouvements ascendants et descendants d'un ton.

En procédant par *intervalle ascendant* ou *descendant* de *tierce mineure* à *l'une des parties* contenant les *notes* en rapport de *triton*, ou à *toutes les deux*, la fausse relation n'existe pas.

DES EXERCICES À DEUX PARTIES SUR UNE BASSE DONNÉE

§ 55. — Pour l'application de toutes les règles précédentes, nous donnons, plus loin, *des basses* sur chacunes desquelles on devra composer *trois chants* aussi différents que possible.

Ces chants devront être faciles, naturels, n'embrassant chacun qu'une *petite étendue*.

Les élèves qui possèdent la connaissance des clefs d'ut 1ʳᵉ, 3ᵐᵉ et 4ᵐᵉ ligne, affectées aux voix de *soprano*, de *contralto* et de *ténor*, écriront la *partie supérieure* de ces exercices tour-à-tour sur chacune de ces clefs.

Nous plaçons sous leurs yeux le tableau indicatif du diapason et de l'étendue de ces voix, écri-tes sur les clefs qui leur sont propres.

TABLEAU INDICATIF
du diapason et de l'étendue des quatre voix adoptées pour l'étude de l'harmonie.

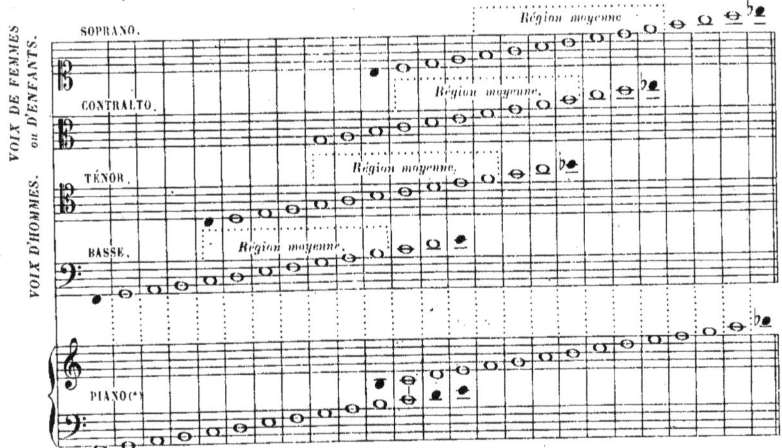

§ 56. — *N.B.* On ne doit se servir que très rarement des notes indiquées par des points noirs aux extrémités de chaque échelle. On doit, même, se maintenir, le plus possible, dans la région moyenne de chaque voix.

DISPOSITION DE TROIS CHANTS SUR UNE BASSE DONNÉE

Le *chiffre Romain* placé au-dessous de chaque *note de basse*, indique le *degré* que cette note occupe dans la gamme; le *chiffre Arabe* placé au-dessus de cette même note, représente *l'intervalle harmonique* que forme, avec elle, la *partie supérieure*.

1er CHANT, pour *Ténor.*

BASSE DONNÉE.

| 5 | 6 | 3 | 5 | 3 | 3 | 6 | 6 | 8 |
| I | III | IV | II | V | VI | IV | II | I |

2me CHANT, pour *Contralto.*

BASSE DONNÉE.

| 5 | 6 | 6 | 3 | 5 | 3 | 3 | 3 | 3 |
| I | III | IV | II | V | VI | IV | II | I |

3me CHANT, pour *Soprano.*

BASSE DONNÉE.

| 8 | 3 | 3 | 8 | 3 | 3 | 5 | 6 | 8 |
| I | III | IV | II | V | VI | IV | II | I |

Les élèves qui ne connaissent pas les *clefs d'ut*, pourront écrire *leurs chants* sur la *clef de sol* ou, s'il est très grave, sur la *clef de fa*. Ils ne devront pas excéder l'étendue dont on a disposé dans le *tableau indicatif* qui précède. (Voir la partie de Piano)

(*) La partie de Piano résume toutes les notes du tableau et indique leur diapason.

A.L.6501.

DE LA PREMIÈRE MESURE

§ 57. — La *première mesure de la basse* étant toujours occupée par la *tonique*, la partie supérieure doit commencer par la *tierce*, la *quinte*, l'*octave* ou l'*unisson*; JAMAIS PAR LA SIXTE.

DES DEUX DERNIÈRES MESURES

§ 58. — Le second degré, qui occupe l'avant-dernière mesure de la basse, ne peut porter que la tierce ou la sixte.

Cette sixte (note sensible) doit alors monter à la tonique, octave de la basse (dernière mesure)(**); la tierce du second degré, doit au contraire, descendre à la médiante, tierce de la tonique.

On n'a donc, pour terminer, que les deux formules suivantes:

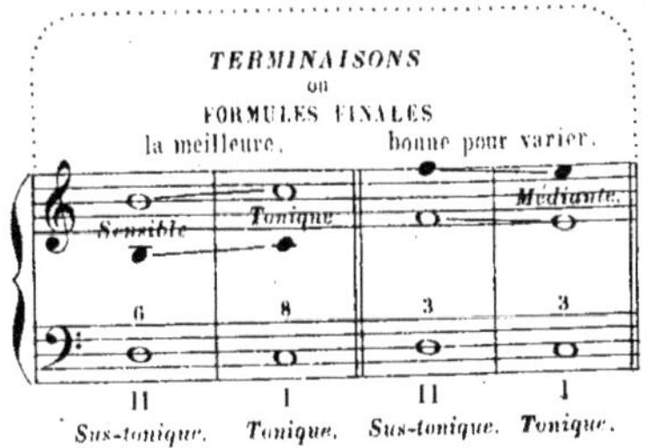

(*) Nous avons écrit ce chant en *clef de fa*, parce qu'il eût été un peu bas pour la *clef de sol*.

(**) En général, la *note sensible* doit être suivie de la *tonique* lorsqu'elle n'en a pas été précédée; à moins que les accords employés ne le permettent point.

TABLEAU INDICATIF
des Intervalles harmoniques à employer sur les divers degrés de la gamme majeure et de la gamme mineure

Désignation des degrés	Pour le cas où la note de basse procède à la note suivante par *degrés conjoints*, ou par intervalles *de tierce* ou *de sixte*.			Pour le cas où la note de basse procède à la note suivante par *degrés disjoints*, et surtout par intervalles *de quarte* ou *de quinte*.		
	de préférence.	moins souvent	rarement	de préférence	moins souvent	rarement
I Tonique.	3ce ou 5te	8ve	6te ou Unisson	3ce ou 5te	8ve	Unisson
II Sus-tonique.	3ce ou 6te		5te en majeur seulement le 2me degré suivi du 3me	3ce ou 5te (la 5te en majeur) seulement	6te	8ve
III Médiante.	3ce ou 6te		5te en majeur seulement et très-rarement (Voir § 52)	3ce ou 6te		5te en majeur seulement et très-rarement (Voir § 52)
IV Sous domte	3ce ou 6te	5te (a) (Voir § 52)	8ve	3ce ou 5te (a) (Voir § 52)	(a) La 5te ne doit jamais être employée sur le 4me degré lorsqu'il est précédé de la dominante accompagnée de sa 3ce. La 6te est ce qui convient le mieux en pareil cas au 4me degré.	6te ou 8ve
V Dominante.	3ce ou 5te		6te ou 8ve	3ce ou 5te	8ve	
VI Sus-domte	3ce ou 6te		5te	3ce ou 5te	6te	8ve
VII Sensible.	3ce ou 6te			3ce ou 6te		

EXERCICES PROGRESSIFS

pour l'application des règles concernant l'harmonie à Deux parties

Composer trois chants aussi différents que possible sur chacune des basses suivantes.

MODE MAJEUR

Sur les Deux premiers degrés

Sur les Trois premiers degrés

Sur les Quatre premiers degrés

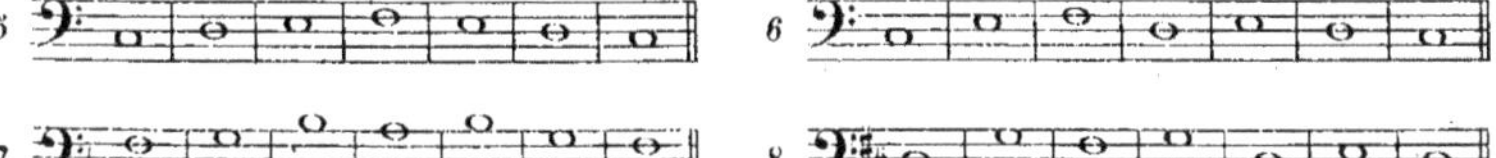

Sur les Cinq premiers degrés

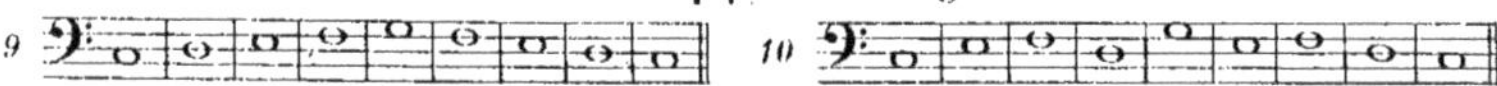

Sur les Six premiers degrés

Sur tous les degrés

MODE MINEUR

§ 59. — Le *mode mineur* offre, au point de vue *mélodique* des difficultés bien plus nombreuses que le mode majeur.

En effet, on rencontre, en mineur, *quatre* intervalles *augmentés*, savoir : une seconde, *deux* quartes et *une* quinte; et par leur renversement, *quatre* intervalles *diminués*: *une* septième, *deux* quintes et *une* quarte; c'est-à-dire: *huit* intervalles *augmentés* ou *diminués*, plus ou moins *défectueux* comme *intervalles mélodiques*; tandis qu'en majeur, nous n'avons eu qu'*un* intervalle *augmenté*: la quarte, et *un* intervalle *diminué*: la quinte.

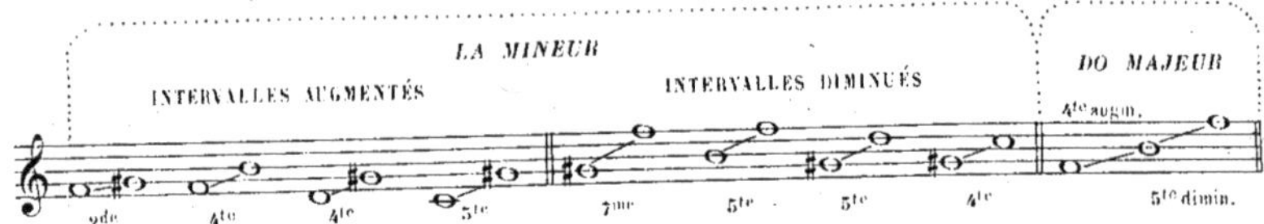

Il en résulte, que tel passage *bon* en majeur, serait *mauvais* en mineur; tandis que le contraire ne peut avoir lieu.

§ 60. — Il est vrai, qu'on autorise, en mineur, outre le saut de *quinte diminuée*, déjà permis en majeur, ceux de *quarte diminuée*, et de *seconde augmentée*, lorsque, des deux notes formant ces intervalles, la deuxième est la *note sensible*, *montant à la tonique*, soit immédiatement, soit après avoir touché à la *sus-tonique* (revoir le § 28); mais on ne doit pratiquer ces intervalles mélodiques qu'avec la plus grande réserve, dans l'harmonie élémentaire.

§ 61. — Les *intervalles harmoniques* à employer sur les divers degrés de la gamme sont *les mêmes qu'en majeur*, sauf les exceptions suivantes:

1° La *quinte*, étant *diminuée* sur le 2d degré de la gamme mineure, on ne pourra placer, sur ce degré, que la *tierce* ou la *sixte*, dans l'harmonie à deux parties.

(Si elle procède à la note suivante par *degrés disjoints*, la *sus-tonique* pourra, *à la rigueur*, être accompagnée de *l'octave*)

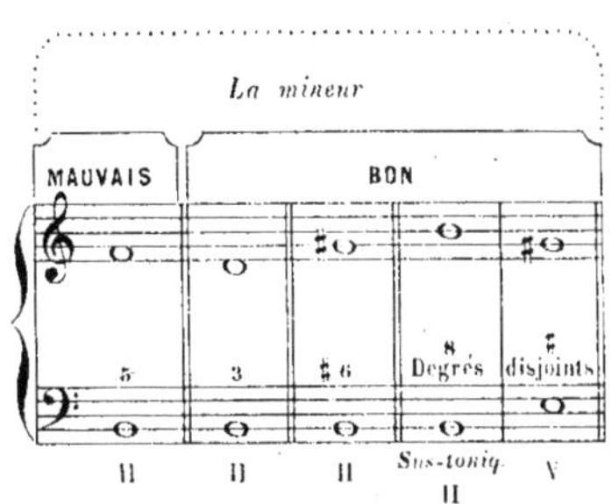

2° Le 3ᵐᵉ degré, dont la *quinte* est *augmentée*, ne pourra porter que *tierce* ou *sixte*.

§ 62. — Pour toutes les autres règles, se conformer à celles qui ont été établies pour le mode majeur.

§ 63. — *L'altération* produisant la *note sensible* du mode mineur, devra être indiquée, dans le *chiffrage*, de l'une des manières suivantes:

1° Si la *note sensible* est placée à la *partie supérieure* comme *sixte* du 2d degré, on mettra *l'accident* à la gauche du chiffre **6**.

2° Si la note sensible est employée comme *tierce* du 5ᵐᵉ degré, *l'accident seul* suffira; car, tout accident non suivi de chiffre s'applique invariablement à la *tierce*: le **3** est sous-entendu.

BASSES DONNÉES — MODE MINEUR

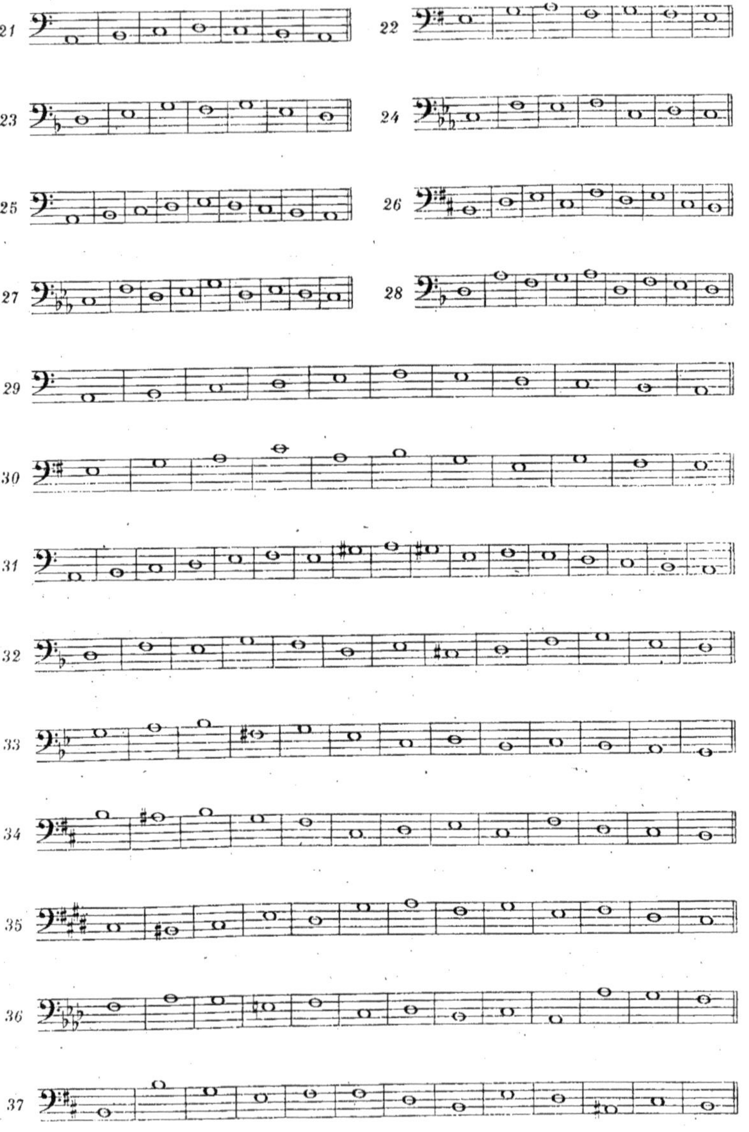

BASSES DONNÉES — MODE MINEUR

CHAPITRE II

HARMONIE A TROIS PARTIES

DES ACCORDS

NOTIONS GÉNÉRALES

§ 64. — On nomme *accord* l'union de plusieurs sons différents dont les rapports sont *tels* qu'on peut les faire entendre simultanément.

En d'autres termes, un accord est une *agrégation de sons* ayant entre eux certaines proportions comme intonation.

§ 65. — Tout accord à *l'état d'origine* se compose de *trois, quatre* ou *cinq sons* appartenant à une même tonalité et formant une série non-interrompue de tierces superposées.

La note la plus grave d'un tel accord est appelée *note fondamentale;* les autres notes y remplissent les fonctions de *tierce,* de *quinte,* de *septième* et de *neuvième* de la fondamentale, selon que l'accord est de *trois,* de *quatre* ou de *cinq sons.*

(Ces qualifications sont conservées à chacune des notes constitutives d'un accord, de quelque manière qu'on en intervertisse l'ordre d'échelonnement.)

ACCORDS A L'ÉTAT D'ORIGINE

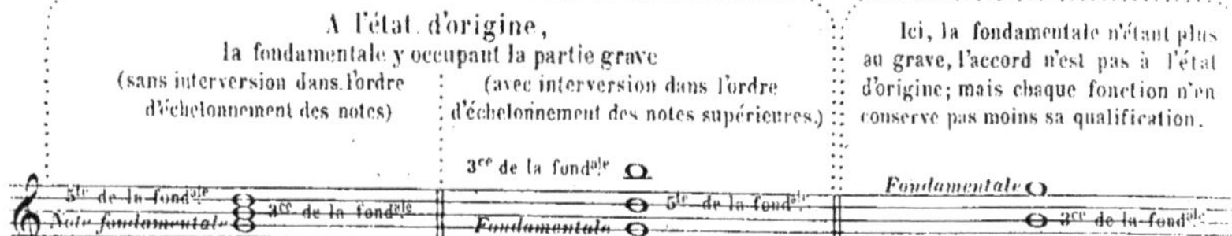

Accord de 3 sons.   Accord de 4 sons.   Accord de 5 sons.

Exemple d'un accord de trois sons, dont les notes sont échelonnées de diverses manières

A l'état d'origine, la fondamentale y occupant la partie grave (sans interversion dans l'ordre d'échelonnement des notes) (avec interversion dans l'ordre d'échelonnement des notes supérieures.)

Ici, la fondamentale n'étant plus au grave, l'accord n'est pas à l'état d'origine; mais chaque fonction n'en conserve pas moins sa qualification.

§ 66. — Les accords sont *consonants* ou *dissonants.*

§ 67. — Les accords *consonants* sont ceux dont toutes les notes ne forment entre elles que des *intervalles consonants;* et qui, à l'état d'origine, ont le caractère du *repos absolu.* (§ 14)

§ 68. — Les accords *dissonants* sont ceux qui renferment *une ou plusieurs dissonances,* lesquelles ont besoin d'être *résolues,* c'est-à-dire: d'avoir une suite; et, conséquemment, exigent le mouvement. (Voir le § 18)

§ **69.** — Il n'y a que des accords de *trois sons* qui puissent être *consonants*; car, si l'on ajoute, à trois sons en rapports consonants, un quatrième son quelconque, ce quatrième son sera, infailliblement, *en dissonance* avec l'un des trois premiers, et, dès lors, l'accord ne sera plus consonant.

EXEMPLE. A l'accord consonant *"do, mi, sol,"* ajoutons un *ré,* ou un *fa,* ou un *la,* ou un *si*: le *ré* sera en dissonance avec le *do* et le *mi*; le *fa* avec le *mi* et le *sol*; le *la,* avec le *sol*; le *si,* avec le *do.*

§ **70.** — Il est bien entendu qu'on ne compterait pas pour un quatrième son, le redoublement à l'octave de l'une des trois notes *do, mi, sol,* les notes *doublées* n'ajoutant *rien* à la constitution d'un accord.

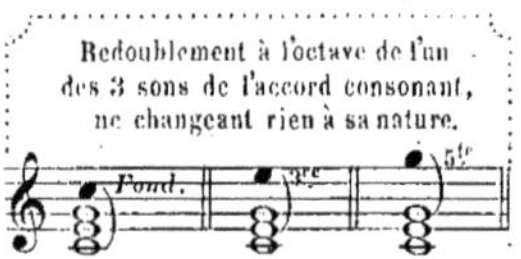

EXERCICE

Désigner par la lettre C ceux des accords suivants qui sont consonants, et par la lettre D ceux qui sont dissonants. Indiquer, pour ces derniers, l'intervalle qui les rend dissonants

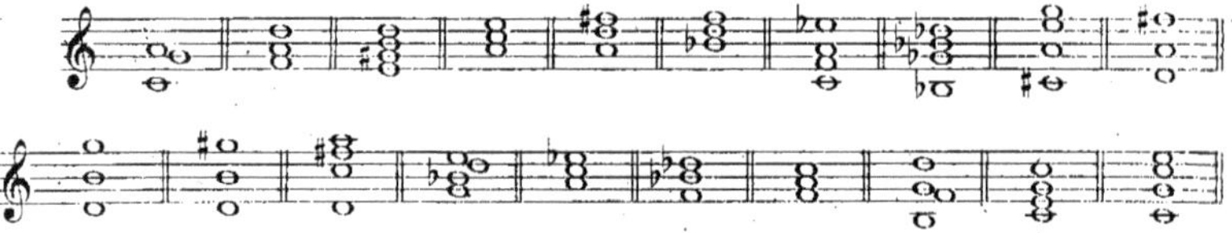

ACCORDS FONDAMENTAUX, ACCORDS RENVERSÉS ou DÉRIVÉS

§ **71.** — Un accord est à *l'état fondamental* ou *primitif,* c'est-à-dire à l'état d'origine (§ 65) chaque fois que sa *fondamentale* occupe la *partie la plus grave* de l'harmonie; quel que soit, d'ailleurs, l'ordre d'échelonnement de ses notes supérieures.

Mais si la *partie grave* est occupée par une note de l'accord *autre que la fondamentale,* cet accord est à *l'état de renversement.*

§ 72. — Pour savoir si un accord est *fondamental* où s'il est *renversé*, il suffit de *rapprocher de sa note grave* toutes ses *notes supérieures*.

Si, par ce rapprochement des notes supérieures de l'accord vers la basse, on obtient une *série non-interrompue de tierces superposées*, c'est qu'il est à l'*état fondamental*.

(*Résultat de l'opération.* — Les deux accords proposés sont *fondamentaux*.)

Si, au contraire, *une telle série de tierces* n'est pas obtenue par ce moyen, c'est que l'accord est à l'*état de renversement*

(*Résultat de l'opération.* — Les deux accords proposés sont des *renversements*.)

(Dans ces opérations, ainsi que dans les suivantes, on ne doit pas tenir compte des notes doublées.) (Voir le § 70)

EXERCICE

Désigner par la lettre F. ceux des accords suivants qui sont à l'état *fondamental* ; et par la lettre R. ceux qui sont à l'*état de renversement*.

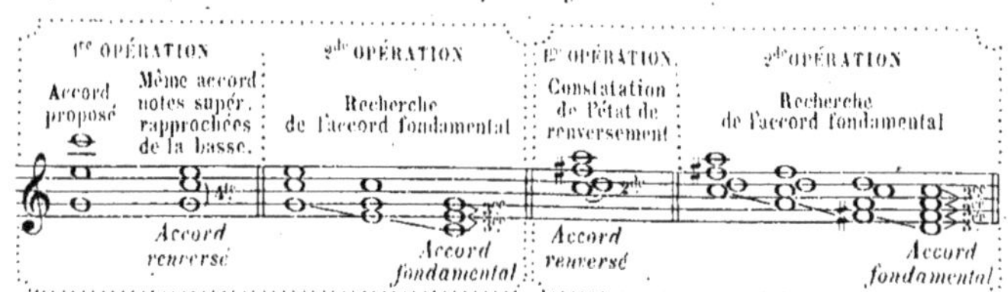

MOYEN POUR TROUVER L'ACCORD FONDAMENTAL
d'un accord renversé quelconque

§ 73. — Après avoir constaté qu'un accord est à l'état de *renversement*, si l'on veut savoir quel en est l'accord *fondamental*, il faut faire descendre *la partie grave* de tierce en tierce, en la faisant *suivre de près* par les autres notes de l'accord, jusqu'à ce qu'on ait obtenu la série de *tierces superposées* qui caractérise tout accord à l'*état primitif*.

EXERCICE

Reconnaître parmi les accords suivants, ceux qui sont *fondamentaux* et ceux qui sont *renversés* ; puis, trouver l'accord fondamental de chacun de ces *derniers*.

DISPOSITION DES ACCORDS

§ 74. — C'est à partir de la *basse*, et par rapport à elle, que l'on compte les divers intervalles dont un accord est composé.

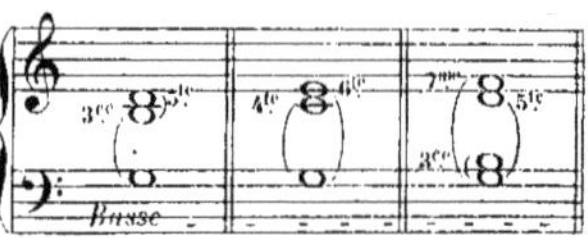

§ 75. — On peut, sans changer la *nature* ni *l'état* d'un accord, en transporter les *notes supérieures* à une ou à plusieurs octaves de leur intervalle simple.

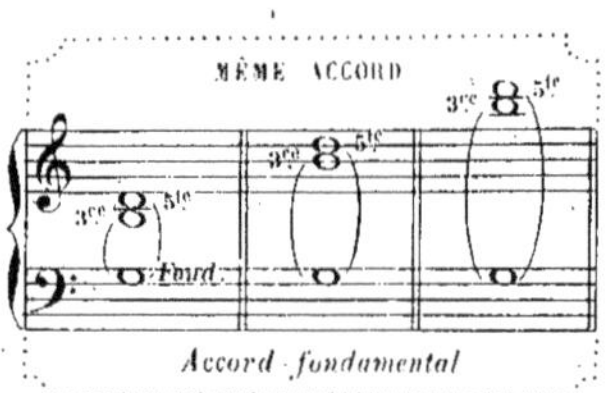

§ 76. — On peut aussi, sans changer l'accord, intervertir l'ordre numérique de ses notes supé-rieures *au dessus* de la *basse;* mais, celle-ci doit toujours rester la *note grave*, sans quoi, *l'état* de l'accord serait changé.

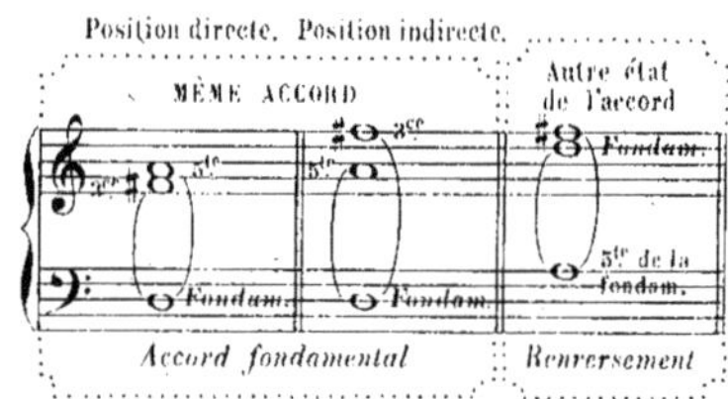

§ 77. — Les diverses manières de disposer un accord sont appelées *positions:*

Les positions sont plus ou moins *serrées*, plus ou moins *larges* ou *espacées*.

DISPOSITION VOCALE DES ACCORDS A TROIS PARTIES

DIVERSES MANIÈRES DE DISPOSER LES DEUX PARTIES SUPÉRIEURES
au dessus de la Basse donnée

DES DISTANCES A OBSERVER
entre les diverses parties harmoniques
et particulièrement entre les voix

§ 78. — A.—Les positions *serrées* conviennent, principalement, à *l'aigu*; les positions *larges*, surtout au *grave*; les positions *moyennes*, à toutes les régions.

B.—D'après cela, il est bon de ne pas mettre de *trop grandes distances* entre les *parties su- périeures contigües*, comme le *ténor et le contralto*, le *contralto et le soprano*. En général, ces voix doivent être à la *tierce*, la *quarte*, etc... *jusqu'à l'octave* l'une de l'autre; de *plus grands écarts* doivent être *exceptionnels* et n'avoir que *peu de durée*.

C.—Entre le *ténor et le soprano*, voix *non-contigües*, on peut mettre, quelquefois, des *espaces plus grands que l'octave*; la dixième, par exemple, et même, *exceptionnellement*, la onzième la douzième et la treizième.

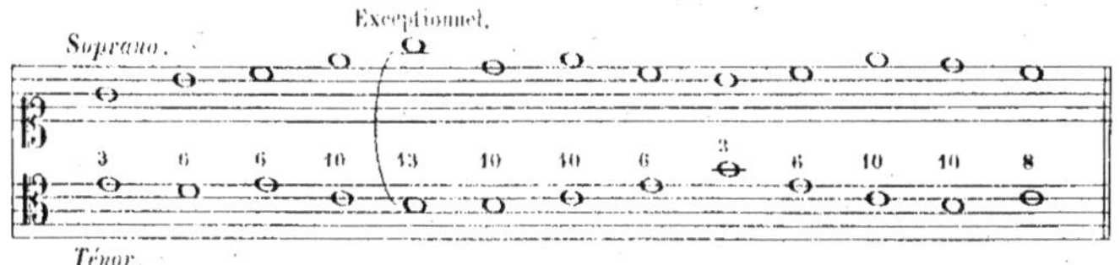

D.—Bien que la *basse et le ténor* soient dans les mêmes *rapports de contiguïté* que le *contralto et le soprano*, on peut, *momentanément*, écrire ces *deux voix d'hommes* à des distances *relativement considérables*: dixième, onzième, etc... jusqu'à la quinzième; parce que, d'une part, *la voix de basse* appartient à la *région du grave* (§ 78) et, d'autre part, que *les sauts de quinte, de sixte et d'octave* y étant fréquemment pratiqués, cette partie s'éloigne alors brusquement des autres, dans ses mouvements descendants, et s'en rapproche, brusquement aussi, dans ses mouvements ascendants; ce qui oblige à maintenir les parties supérieures (le *ténor* principalement) à une certaine hauteur, pour que la basse puisse effectuer, librement, ses grandes évolutions, sans faire des croisements ou des unissons défendus.

E.—Si l'on peut mettre, parfois, de grandes distances entre la *basse* et le *ténor*, à plus forte raison, peut-on le faire entre la *basse* (voix d'homme) et le *contralto* (voix de femme).

DISPOSITION POUR LE PIANO OU L'ORGUE
des Accords à Trois Parties.

§ 79. — *A.* — Les accords, écrits à *trois parties*, pour le *piano* ou *l'orgue*, sont, ordinairement, disposés de telle sorte, qu'on puisse jouer, de la *main droite*, les *deux parties supérieures*, et de la *main gauche*, la basse seulement. Pour cela, les deux *parties supérieures* ne doivent jamais avoir, entre elles, *un écart plus grand que l'octave*.

ACCORDS A TROIS PARTIES POUR LE PIANO OU L'ORGUE (*)

EXEMPLE
N° 1.

B. — Pour mieux distinguer le *dessin* de chaque partie, on peut, sans employer d'autres clefs que celles de *fa* et de *sol*, disposer les mêmes accords sur *trois portées*, soit pour des *voix*, soit pour des *instruments*.

MÊMES ACCORDS
que ceux de l'exemple précédent disposés sur trois portées
pour des voix ou des instruments.

EXEMPLE
N° 2.

ACCORDS DE TROIS SONS

§ 80. — Les accords de *trois sons* à *l'état fondamental* ou *primitif* se composent d'une *note fondamentale*, de la *tierce* et de la *quinte* de cette note.

Il y en a de *trois espèces*, savoir : l'accord *parfait majeur*, l'accord *parfait mineur* et l'accord de *quinte diminuée*.

§ 81. — L'accord *parfait majeur* et l'accord *parfait mineur* sont les *seuls* vraiment *consonants*; parcequ'*eux seuls* peuvent donner la sensation *du repos absolu*.

L'accord de *quinte diminuée*, plus *dissonant* que consonant, à cause de sa quinte (**) est, cependant, généralement *admis* dans *l'harmonie consonante*; parcequ'il n'est pas *rigoureusement*, et dans tous les cas, soumis aux lois qui régissent les accords dissonants proprement dits; (il est parfois traité comme les accords parfaits eux-mêmes) et que, surtout, il *complète* la série des accords de *trois sons*.

(*) *NOTA.* — En écrivant les leçons d'harmonie pour des *voix*, pour l'orgue ou pour *plusieurs instruments*, il est généralement préférable de *tenir* les notes plutôt que de les *répéter*. (Ex. N° 2)

Ce n'est que pour le *piano* que la *répétition* d'une note est souvent nécessaire, cet instrument ne pouvant *soutenir* les sons suffisamment. (Ex. N° 1)

(**) Celui qui se trouve sur le 7ᵐᵉ degré pourrait être compris dans *l'harmonie dissonante naturelle*. (Voir

DE L'ACCORD PARFAIT MAJEUR

§ 82.—L'accord *parfait majeur* se compose d'une *tierce majeure* et d'une *quinte juste*.

ACCORD PARFAIT MAJEUR

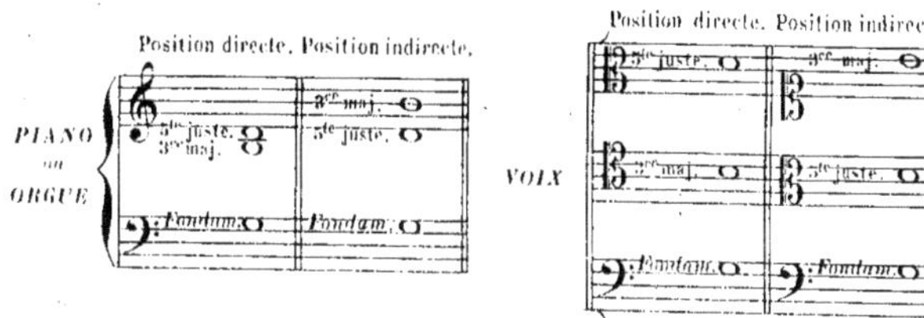

EXERCICE

Former un accord *parfait majeur* sur chacune des notes suivantes: Disposer chaque accord de deux maniè-res (position directe et position indirecte) comme dans les exemples précédents, et selon le système qu'on aura adopté: *Piano ou voix. Pour la disposition vocale* voir ci-après. (relire les §§ **75** et **76**)

Pour épargner, aux élèves qui écrivent pour les voix la peine de changer les clefs d'ut à chaque mesure, nous leur proposons de disposer, ainsi qu'il suit, *tous les exercices* qui, comme ceux-ci doivent être faits dans *deux po-sitions.*

ACCORDS PARFAITS MAJEURS

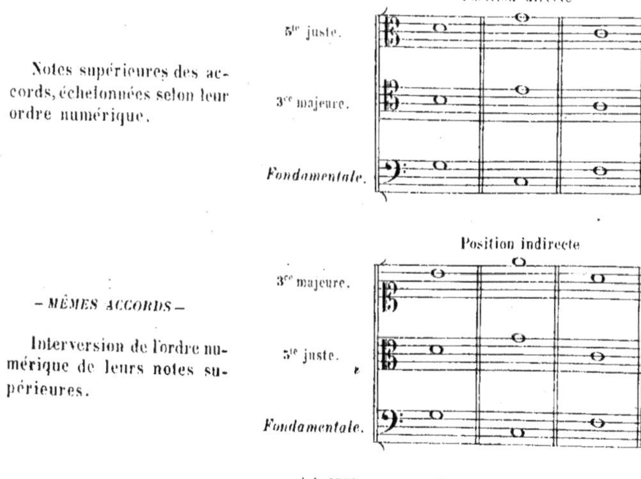

Notes supérieures des ac-cords, échelonnées selon leur ordre numérique.

— *MÊMES ACCORDS* —

Interversion de l'ordre nu-mérique de leurs notes su-périeures.

DE L'ACCORD PARFAIT MINEUR

§ 83. — L'accord *parfait mineur* se compose d'une *tierce mineure* et d'une *quinte juste*.

ACCORD PARFAIT MINEUR

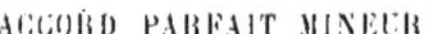
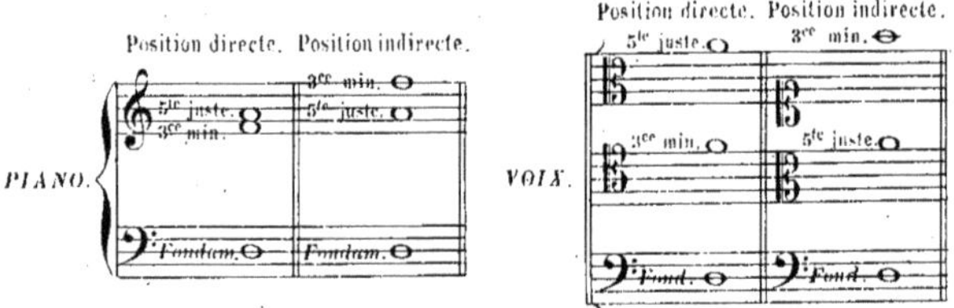

EXERCICE

Former un accord *parfait mineur* sur chacune des notes suivantes; le disposer de deux manières.

DE L'ACCORD DE QUINTE DIMINUÉE

§ 84. — L'accord de *quinte diminuée* se compose d'une *tierce mineure* et d'une *quinte diminuée*.

ACCORD DE QUINTE DIMINUÉE

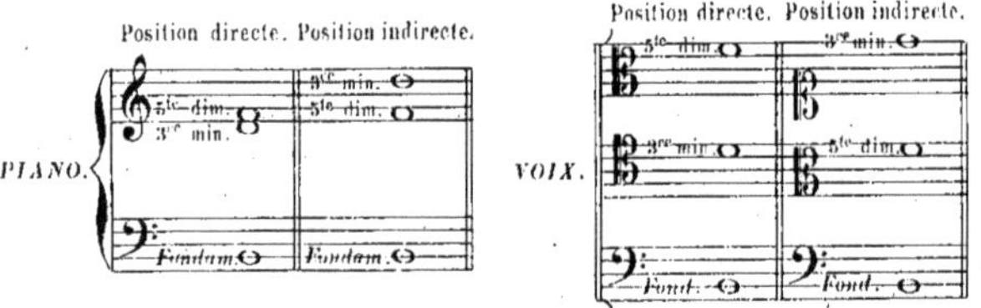

EXERCICE

Former un accord de *quinte diminuée* sur chacune des notes suivantes; le disposer de deux manières.

BASSE CHIFFRÉE ET RÉALISATION

§ 85. — Pour l'étude de l'harmonie, on représente, tout d'abord, les *accords* par des *chiffres*, que l'on place *au dessus de la basse*, et quelquefois *au dessous*.

Une basse ainsi accompagnée de chiffres, se nomme *basse chiffrée*.

§ **86.** — La disposition précise et définitive des sons qui composent les accords, s'exprime au moyen de *notes*, et se nomme *réalisation*.

Réalisation des accords qui n'étaient qu'indiqués par la basse chiffrée ci-dessus.

§ **87.** — Le chiffre qui représente *un accord* ou une *partie d'accord*, représente avant tout, numériquement, *l'un des intervalles* dont cet accord est composé.

Ainsi, un accord désigné par un **5**, contient, nécessairement, une *quinte*; un accord représenté par **4** et **6**, doit renfermer une *quarte* et une *sixte*; (Voir l'exemple précédent)

§ **88.** — Aux chiffres on associe parfois des *signes accidentels*: ♯, ♭, ♮.

Un *accident*, placé devant un *chiffre*, indique que la *note* représentée par ce chiffre doit être affectée par le *même accident*. — Ainsi, un *dièse*, placé devant un **5**, veut dire que la *quinte* doit être *diésée*; un *bémol*, placé devant un **6**, veut dire que la *sixte* doit être *bémolisée*.

§ **89.** — *Tout accident, non suivi de chiffre*, s'applique invariablement à la *tierce*; le **3** est sous-entendu.

ACCIDENTS S'APPLIQUANT A LA TIERCE

§ **90.** — *D'autres signes* peuvent encore être associés aux chiffres; ceux dont nous aurons à faire l'application immédiate ou prochaine sont:

1° Le signe de *diminution* des intervalles, qui consiste en une *petite barre* traversant obliquement le chiffre.

2° La *petite croix*, représentant la *note sensible* dans certains accords.

CHIFFRAGE DES ACCORDS DE TROIS SONS
à l'état fondamental

§ **91.** — On chiffre, généralement, l'accord *parfait majeur* et l'accord *parfait mineur* par un 5.

On peut aussi chiffrer les *accords parfaits* par 3, 8, $\frac{5}{3}$, $\frac{8}{3}$, $\frac{8}{5}{3}$ pour indiquer certaines dispositions des notes de l'accord. (Le 8 représente l'octave, redoublement de la basse très usité dans les accords de trois sons.)

§ **92.** — Si, pour obtenir la *tierce majeure* ou la *tierce mineure* d'un accord parfait, on est obligé de recourir à un *signe accidentel*, ♯, ♭, ♮, & c'est ordinairement par cet *accident seul* qu'on représente l'accord.

§ **93.** — Quelquefois, on ne chiffre *pas du tout* l'accord parfait.

§ **94.** — L'accord de *quinte diminuée* se chiffre par un 5 barré. (Voir le § 90)

EXERCICE

Réaliser les accords représentés par des chiffres de la même manière que le sont ceux des exemples qui précèdent. En indiquer les différentes espèces.

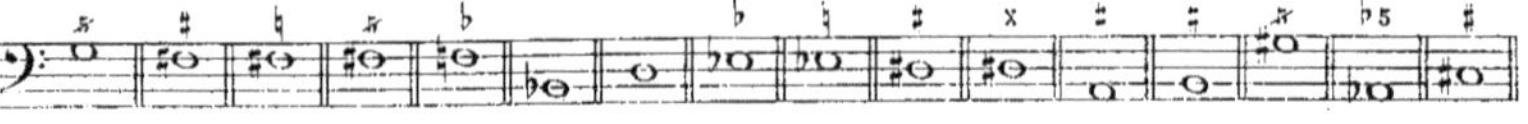

DE L'IMPORTANCE RELATIVE
des Accords de trois sons fondamentaux
et de la place qu'ils occupent dans les deux Modes

§ 95. — À l'exception du 3ᵐᵉ degré du mode mineur, dont la quinte est *augmentée*, chacune des notes de la gamme majeure et de la gamme mineure peut porter un accord de trois sons à *l'état fondamental*.

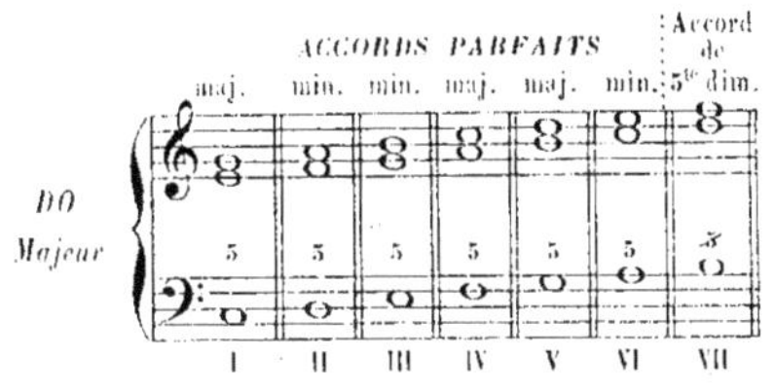

§ 96. — Mais tous ces accords n'ont pas la *même importance* et ne sont pas également usités. On les divise en accords de *premier*, de *deuxième* et de *troisième* ordre.

§ 97. — Les *accords de premier ordre* à l'état fondamental sont établis sur les 1ᵉʳ, 4ᵐᵉ et 5ᵐᵉ degrés, lesquels sont appelés *degrés de premier ordre* ou *degrés les meilleurs*.

§ 98. — Les *accords de deuxième ordre* à l'état fondamental sont établis sur les 2ᵐᵉ et 6ᵐᵉ degrés, lesquels sont appelés *degrés de deuxième ordre*; ce sont encore de *bons degrés*.

§ 99. — Les *accords de 3ᵐᵉ ordre* sont: en *majeur*, ceux des 3ᵐᵉ et 7ᵐᵉ degrés; et en *mineur*, celui du 7ᵐᵉ degré seulement. (**)

Dans les deux modes, le 3ᵐᵉ et le 7ᵐᵉ degré sont appelés *degrés de troisième ordre* ou *mauvais degrés*.

(*) En *bémolisant* le *mi* et le *la* des exemples donnés en *do majeur*, on obtient le *mode mineur*.

(**) Quand nous disons: *l'accord de tel degré*, nous voulons parler de l'accord de *trois sons* ayant ce degré pour *fondamentale*.

Il nous arrive même de ne désigner *que le degré*; en pareil cas, le mot *accord* est sous-entendu. Lors donc que nous écrivons: *enchaînement du 5ᵐᵉ degré au 1ᵉʳ*, c'est comme si nous disions: *enchaînement de l'accord parfait du 5ᵐᵉ degré à l'accord parfait du 1ᵉʳ degré*.

38

§ **100.** — En résumé, voici l'ordre d'importance des accords de trois sons fondamentaux, dans les deux modes.

EXERCICE

Désigner les *notes ou degrés de 1er ordre* des tons de *sol majeur, mi mineur, fa majeur et ré mineur;* les *notes ou degrés de 2me ordre* des tons de *ré majeur, si mineur, si ♭ majeur et sol mineur;* et enfin les *notes ou degrés de 3me ordre* des tons de *la majeur, fa ♯ mineur, mi ♭ majeur et do mineur.*

SUPPRESSION DE NOTES
dans les Accords de trois sons fondamentaux

SUPPRESSION DE LA QUINTE

§ **101.** — Certaines convenances de réalisation peuvent, quelquefois, motiver la *suppression de la quinte* des accords fondamentaux.

Il faut en excepter la *quinte diminuée* du 7me degré des deux modes, laquelle ne pourrait être supprimée, *sans ôter,* à cet accord, *son caractère particulier;* car l'oreille ne *devinerait* point cette *quinte diminuée* absente; elle *supposerait* plutôt la sixte. (Voir plus loin le §°

§ **102.** — La *quinte* d'un accord de *trois sons* étant supprimée, il faut nécessairement, pour obtenir *trois parties, doubler* l'un des autres sons, *à l'octave, à la double-octave,* ou *à l'unisson.*

§ **103.** — Sauf exception, on doit éviter *l'unisson;* parce qu'il *annule* l'une des parties harmoniques, deux de ces parties se confondant *en un même son.*

SUPPRESSION DE LA TIERCE

§ **104.** — On supprime *très rarement* la *tierce* d'un accord de trois sons *fondamental,* lorsqu'on écrit à *plus de deux parties:*

En effet, dans un *accord parfait,* la *quinte juste* entendue *seule* a quelque chose de *creux* et de *dur;* et de plus, *l'absence de tierce* rend le *mode* de l'accord *vague* et *indéterminé.* (Voir les §§

Quant à l'accord de *quinte diminuée,* le retranchement de *sa tierce,* tout en l'appauvrissant, ne ferait qu'occasionner des embarras de réalisation.

REDOUBLEMENT DE NOTES
dans les Accords de trois sons fondamentaux

PRINCIPES GÉNÉRAUX

§ 105. – Diverses considérations peuvent influer sur le choix de la *note à doubler;* les principales sont:

1° La *fonction* qu'elle remplit dans l'accord;

2° Le *rang* qu'elle occupe parmi les *degrés* de la gamme.

REDOUBLEMENT DE LA FONDAMENTALE

§ 106. – La *note fondamentale* d'un accord de trois sons est, généralement, *bonne à doubler*, lors même qu'elle serait l'un des degrés de 2me ou de 3me ordre.

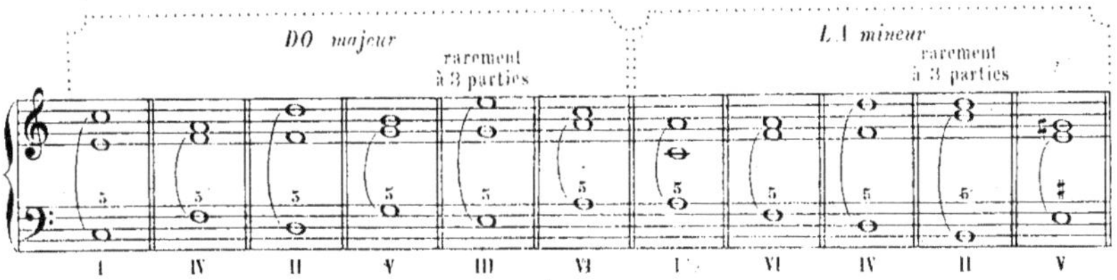

REDOUBLEMENT DES DEGRÉS DE PREMIER ORDRE

§ 107. – On peut, en général, doubler *un degré de premier ordre*, quelle que soit la fonction qu'il remplisse dans un accord de *trois sons*.

REDOUBLEMENT DE LA TONIQUE (degré de 1er ordre) remplissant tour-à-tour les fonctions de:

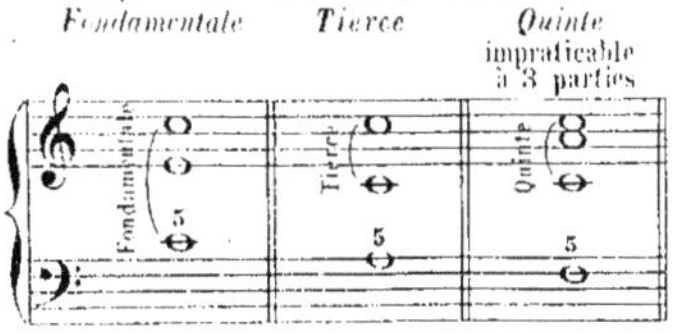

EXCEPTION

§ 108. – Dans l'accord de *quinte diminuée* du 7me degré de l'un ou l'autre mode, on ne doit, en principe, ni *doubler la fondamentale* (note sensible) ni *doubler la quinte diminuée* (4me degré de 1er ordre). En voici la raison:

Du 4me et du 7me DEGRÉ. NOTES ATTRACTIVES

§ 109. – Chaque fois que le 4me et le 7me degré font partie d'un *même accord*, le 4me degré est *attiré* vers le 3me; le 7me degré, vers le 8me (réplique du 1er). Cette tendance du 4me et du 7me degré les a fait qualifier de *notes attractives*.

§ 110. – Or, il est de règle que *toute note ayant une tendance ne peut se doubler*.

On verra plus tard quelques exceptions à cette règle.

RÈGLES SPÉCIALES
à chacun des Accords de trois sons

ACCORD PARFAIT MAJEUR

REDOUBLEMENT DE LA BASSE

§ **111.** — La *basse* est la meilleure note à doubler dans un accord *parfait majeur*.

REDOUBLEMENT DE LA TIERCE

§ **112.** — La *tierce majeure* est, en quelque sorte, comme une *couleur voyante*; en *la doublant*, on lui donne *trop de prépondérance;* aussi ne doit-on faire le redoublement de la tierce d'un accord *parfait majeur* que *pour éviter des défauts plus graves*, ou pour donner *plus d'élégance à la mélodie*.

§ **113.** — Toutefois, dans l'accord *parfait majeur* qui se pose sur le *6me degré* du mode mineur, la *tierce*, étant la *tonique*, la *meilleure note du ton*, cette note est *fort bonne à doubler*.

§ **114.** — Quant à la *tierce* du *5me degré* des deux modes, les cas où l'on pourrait la doubler sont *extrêmement rares*; parce qu'elle est, non seulement *tierce majeure*, mais encore *note sensible*, et, qu'en cette qualité, *elle tend, généralement, à monter* à la tonique. (Voir plus loin §

ACCORD PARFAIT MINEUR

REDOUBLEMENT DE LA BASSE

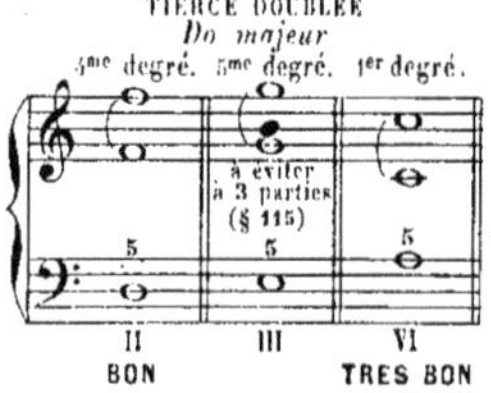

§ **115.** — La *basse* est la meilleure note à doubler dans un accord *parfait mineur*. (Celui qui a pour *fondamentale* le *3me degré* du mode majeur doit être presque toujours *complet*, (*) ce qui dispense d'en doubler aucune note dans l'harmonie à *trois parties*.)

REDOUBLEMENT DE LA TIERCE

§ **116.** — La *tierce* d'un accord *parfait mineur* peut se doubler, sans inconvénient, surtout si cette *tierce* est l'une des *meilleures notes du ton*, comme cela existe dans les *trois accords parfaits mineurs* que l'on rencontre dans le *mode majeur*.

(*) En effet, si l'on supprimait la 5e de cet accord, l'oreille ne la devinerait pas; elle supposerait plutôt la 6e

ACCORD DE QUINTE DIMINUÉE DU 7ᵐᵉ DEGRÉ

SUPPRESSION ET REDOUBLEMENT DE NOTES

§ 117. — L'accord de *quinte diminuée* du 7ᵐᵉ degré doit être toujours *complet*; et par conséquent, sans *aucun redoublement*, dans l'écriture à trois parties.

ACCORD DE QUINTE DIMINUÉE DU 2ᵈ DEGRÉ (Mode mineur).

§ 118. — Dans l'accord de quinte diminuée du 2ᵈ degré (mode mineur) on peut, à la rigueur, *retrancher la quinte*; on en double, alors, la *basse* ou la *tierce*.

EXERCICE

Réaliser à trois parties les accords suivants, en *supprimant la quinte* de tous ceux qui, d'après les règles des §§ 101, 115, 117 et 118, peuvent subir cette suppression; et en remplaçant cette quinte *supprimée* par le redoublement de la *basse* ou de la *tierce*, selon le cas.(*)

(*) Il ne faudrait pas que l'élève prit *pour règle* la *faculté* qui lui est accordée de retrancher, *au besoin*, la quinte de certains accords; car, en dehors de cet exercice *spécial*, toute suppression de note *doit être motivée*.

RÉALISATION DES ENCHAÎNEMENTS D'ACCORDS

MOUVEMENTS MÉLODIQUES

§ 119. — Sont applicables aux exercices à *trois* et à *quatre parties*, les règles exposées aux §§ 26 à 34 et 59-60.

Ajoutons que l'obligation d'avoir *complets* la plupart des accords(*), autorise la *fréquence des sauts de quarte et de quinte* dans l'écriture *à trois parties*.

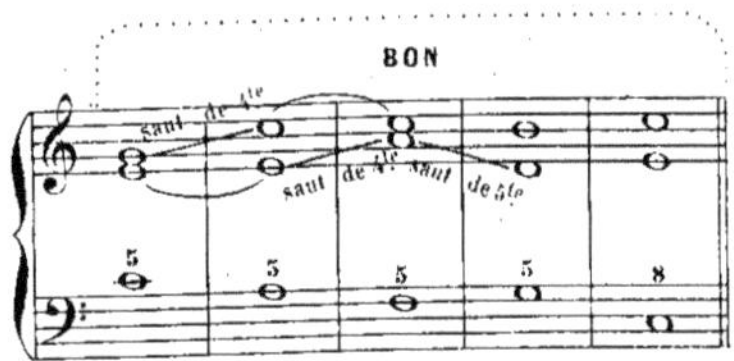

MOUVEMENTS HARMONIQUES

Pour les *quintes*, les *octaves* et les *unissons consécutifs*, voir les § 37 et 38.

QUINTES CONSÉCUTIVES, EXCEPTION.

§ 120. — L'enchaînement d'une *quinte juste* à une *quinte diminuée* est permis, surtout en descendant par *degrés conjoints*; mais celui d'une *quinte diminuée* à une *quinte juste* est défendu.

§ 121. — *Deux quintes diminuées* peuvent se faire *consécutivement*, soit par le *mouvement direct*, soit surtout par le *mouvement contraire*.

DEUX QUINTES DIMINUÉES PERMISES

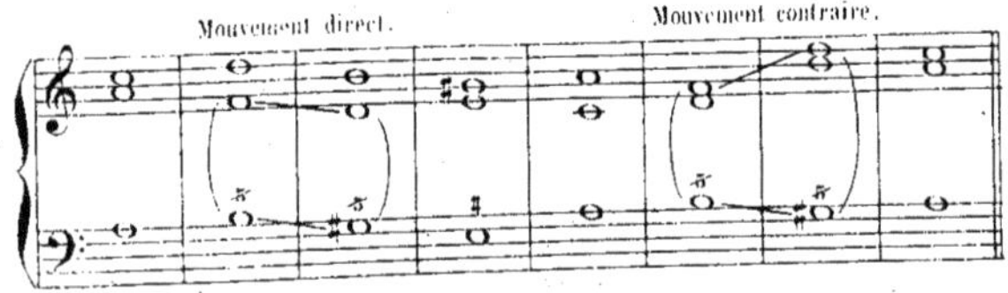

(*) Cette condition est indispensable pour obtenir une *harmonie bien pleine*.

QUINTE, OCTAVE ET UNISSON DIRECTS

Pour les règles générales, (voir les §§ 39 et 40).

EXCEPTIONS

QUINTE DIRECTE

§ 122. — *PARTIES EXTRÊMES.* On permet, entre les parties extrêmes, outre la *quinte directe* sur la *tonique* et la *dominante* (§ 40), *toute autre quinte directe* amenée à la *partie supérieure*, par mouvement descendant de *seconde mineure*.

§ 123. — Le 6me degré, précédé de l'accord de *tonique*; et le 2me degré, précédé de l'accord de *sous-dominante*, permettent quelquefois, et surtout au temps faible [*], *l'arrivée de leur quinte* en montant de tierce, *par mouvement direct*; la basse montant de sixte

(Cette exception est motivée par l'analogie des deux accords à enchaîner; lesquels ont *deux notes communes* dont *l'une* vient faire la *quinte directe*.)

§ 124. — *PARTIES INTERMÉDIAIRES.* On permet la *quinte directe* entre *l'une des parties intermédiaires* et *une autre partie quelconque*, surtout si *l'une de ces deux parties* procède par *degrés conjoints*.

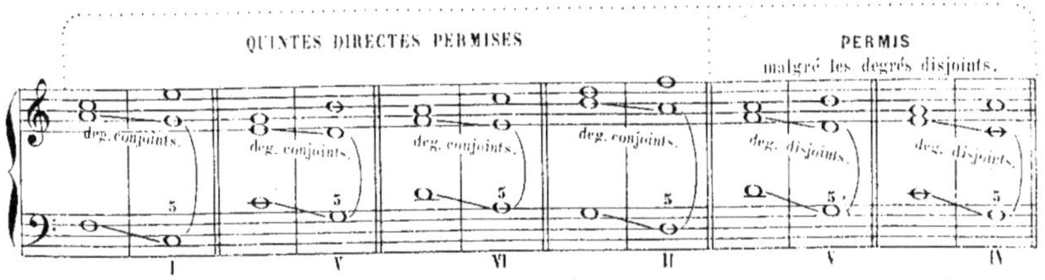

[*] Le 1er temps d'une mesure quelconque reçoit la qualification de *temps fort*; parce que, dans l'exécution, on appuie sur ce temps plus que sur les autres. Le 2me temps est *faible*; le 3me est *plus fort* que le 2me et *plus faible* que le 1er; enfin, le 4me est *faible*. — Les divisions par 2, par 3 ou par 4 de chaque temps ont les mêmes rapports d'intensité que les divisions correspondantes de la mesure elle-même. Elles sont assujéties aux mêmes règles.

Les diverses mesures d'une phrase musicale sont aussi, relativement, plus ou moins *fortes*, plus ou moins *faibles*; et les principes concernant les *temps forts* ou *faibles* peuvent leur être *applicables*. Cependant, la construction d'une phrase peut se présenter sous tant de *formes différentes* qu'on ne saurait fixer, à priori, quelles doivent en être les *mesures fortes* et les *mesures faibles*. C'est à l'instinct qu'il appartient de discerner ces rapports, selon les cas.

OCTAVE DIRECTE

§ 125.—*PARTIES EXTRÊMES.* L'octave directe est permise *entre les parties extrêmes,* lors-qu'elle est amenée par le *mouvement ascendant de seconde mineure* à la partie supérieure.

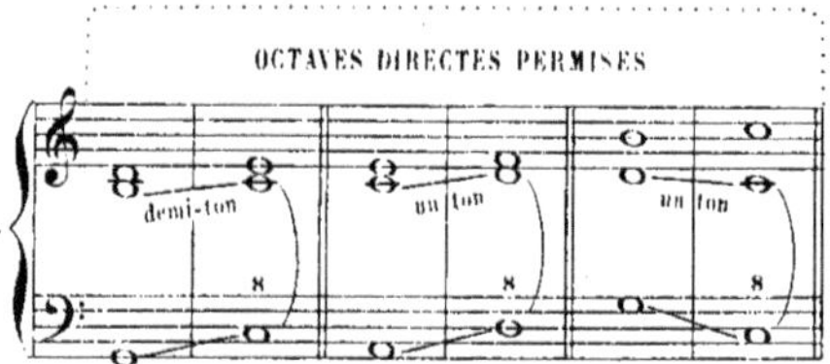

(On peut voir au § 260 un autre cas où l'octave directe est permise.)

§ 126.—*PARTIES INTERMÉDIAIRES.* On permet l'octave directe *entre l'une des parties in-termédiaires et une autre partie quelconque,* surtout si *la plus haute de ces deux parties* procè-de par *degrés conjoints:* ton ou demi-ton.

NOTIONS

propres à faciliter la réalisation correcte des enchaînements d'accords, en général;

et, particulièrement, des enchaînements d'accords fondamentaux.

§ 127.— Constatons d'abord qu'il est impossible de disposer de la même manière deux ac-cords fondamentaux se faisant suite immédiate, à cause des *quintes* ou des *octaves consécutives* qui en résulteraient; à moins que le *second accord* de l'enchaînement ne soit celui de *quinte di-minuée* sans basse doublée. (Voir § 120)

EXEMPLES

§ 128.—Lorsqu'une *note* est *commune* à deux accords successifs, il est bon, généralement, de *conserver* cette *note commune* à la *même partie*; cela produit un *mouvement oblique*, mouvement le *plus favorable* à une réalisation correcte.

§ 129.—Deux accords, dont les *fondamentales* sont à distance de *tierce* ou de *sixte* l'une de l'autre, *peuvent toujours avoir*, pour le moins, *une note commune*.

ENCHAÎNEMENTS D'ACCORDS A 3 PARTIES
avec *une note commune.*

§ 130.—En doublant *celle* des fondamentales qui occupe la *position supérieure* de la distance de *tierce*, ou la *position inférieure* de la distance de *sixte* qui les sépare, on peut avoir *deux notes communes.*

ENCHAÎNEMENTS D'ACCORDS
ayant *deux notes communes.*

§ 131.—Mais s'il est souvent avantageux de *conserver*, à la même partie, les *notes* qui sont *communes à deux accords successifs*, il ne s'en suit pas qu'il le faille absolument; et l'on peut réaliser *de toute autre manière*, des successions d'accords telles que les précédentes.

ACCORDS ENCHAÎNÉS
sans profiter des *notes communes.*

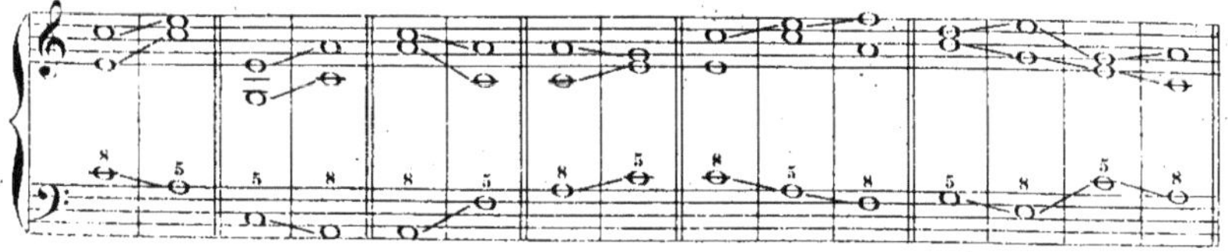

§ 132.— A défaut de *note commune*, produisant le mouvement oblique, on doit *rechercher* le mouvement contraire. (Voir les exemples *précédents* et les *suivants*)

§ 133.— *Deux accords fondamentaux* par *degrés conjoints*, ne pouvant avoir de *note commune*, il est nécessaire que l'une, au moins, *des parties supérieures* procède par *mouvement contraire*, relativement à la basse.

MOUVEMENT CONTRAIRE
entre la *basse* et l'une *des parties supérieures* ou *toutes les deux*.

§ 134.— Le *mouvement direct*, aux trois parties à la fois, n'est *guère admissible*, dans les enchaînements *d'accords fondamentaux*, que sur une basse *montant* ou *descendant de quarte*; et *à la condition expresse* de ne faire ni *octaves* ni *quintes consécutives*, non plus que l'octave directe ou la quinte directe défendues.

ACCORDS FONDAMENTAUX A TROIS PARTIES
en *mouvement direct permis*.

§ 135.— Mais *la plupart* de ces enchaînements *sont encore meilleurs*, lorsque *l'une* des parties supérieures **marche** en *mouvement contraire*.

Il faut en excepter l'enchaînement du 5me degré au 1er qui permet rarement le mouvement descendant de la note sensible. (Voir § 137)

MÊMES ENCHAÎNEMENTS AVEC MOUVEMENT CONTRAIRE
à l'une *des parties supérieures*.

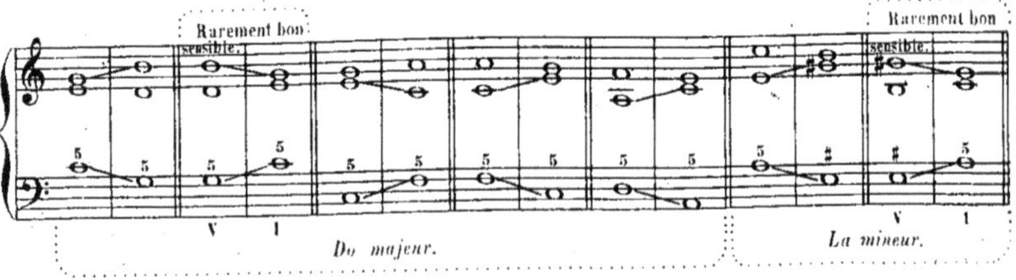

A.L.6501.

EXERCICES A TROIS PARTIES

Tous ces exercices doivent être écrits dans *deux positions différentes*; et selon le système dont on trouvera l'explication suivie d'exemples aux *divers paragraphes* qui sont désignés en tête de chacun d'entre eux.

(§§ 128 et 129) Tous les accords *complets*, (une note commune).

Groupes de *deux* accords.

Groupes de *trois, quatre* et *cinq* accords.

(§ 130) *Un* accord *sans quinte*. (deux notes communes).

Groupes de *deux* accords.

(§§ 131 et 132) Sans profiter des notes communes.

Groupes de *deux* accords. (*Un accord sans quinte*)

Groupes de *trois* ou *quatre* accords (*Un ou deux accords sans quinte*)

(§ 133) Sans aucune note commune. (Un mouvement contraire)

Groupes de *deux* accords. (*L'un des deux peut être sans quinte*)

(§ 134) Mouvement direct aux trois parties à la fois.

Groupes de *deux* accords. (*Un accord sans quinte*)

§ 135) L'une des parties supérieures en *mouvement contraire* par rapport aux autres.

Groupes de *deux* accords. (*Tous les accords complets*)

RÉSOLUTION DU 4ᵐᵉ ET DU 7ᵐᵉ DEGRÉ
Notes attractives

§ **136.**—Lorsque l'accord de *quinte diminuée* du 7ᵐᵉ degré est *suivi* de l'accord parfait de la *tonique*, le *4ᵐᵉ degré* (quinte du 1ᵉʳ accord) doit *descendre* à la *médiante* (tierce de la tonique).

Cette *attraction* du *4ᵐᵉ degré* vers le 3ᵐᵉ, provient de *l'effet dissonant* qu'il produit avec *le 7ᵐᵉ*, dont il est la *quinte diminuée*.

De son côté, la *note sensible*, (fondamentale de l'accord) *monte* à la tonique, *par tendance*.

L'obéissance à cette double attraction se nomme *résolution*.

RÉSOLUTION DES DEUX NOTES ATTRACTIVES

§ **137.**—La *tendance* de la *note sensible* à *monter* à la tonique, bien que moins accusée, se fait encore sentir, lorsque *l'accord du 5ᵐᵉ degré*, dans lequel elle remplit la fonction de *tierce*, est suivi de *l'accord parfait du 1ᵉʳ degré* ou de *celui du 6ᵐᵉ* (*)

C'est surtout dans les *fins de phrases* (§§   ) que cette *résolution ascendante* de la *note sensible* (tierce de la dominante) paraît *le plus nécessaire*.

RÉSOLUTION ASCENDANTE DE LA NOTE SENSIBLE TIERCE DE LA DOMINANTE

Au *commencement* ou dans le *corps même* de la phrase, on peut quelquefois, lui faire prendre une *autre direction*; principalement quand elle a été précédée de la tonique.

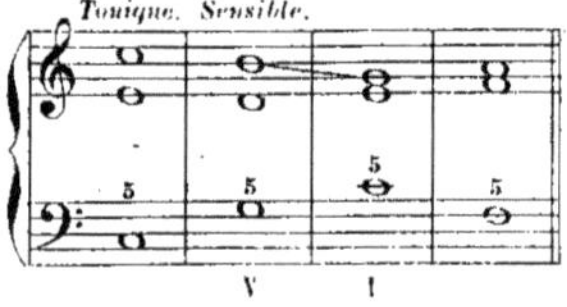

(*) Dans l'enchaînement à *trois parties*, du 5ᵐᵉ au 1ᵉʳ degré, la *résolution* de la sensible sur la tonique *entraîne la suppression de la quinte du second accord*.

Dans l'enchaînement du 5ᵐᵉ au 6ᵐᵉ degré, cette *résolution ne permet pas* d'avoir *complets* les deux accords: l'un des deux est, forcément, *sans quinte*.

EXERCICES A TROIS PARTIES

Chacun de ces exercices doit être écrit de deux manières différentes.

(§ 136 et 137) *Résolution* des deux *notes attractives.*

Leçons résumant tous les exercices des §§ 128 à 137.

Chaque leçon doit être écrite *deux fois* (en deux positions différentes); la 1re pour *Basse, Ténor* et *Contralto,* la 2de pour *Basse, Contralto* et *Soprano* [*]

La plupart des accords doivent être *complets.* — Toute suppression de note doit être *motivée.*

[*] Une partie qui serait un *peu grave* pour le *Soprano* et un peu *haute* pour le *Contralto* pourrait s'écrire (en clef d'ut 1re) pour le *Mezzo-Soprano* qui tient le milieu entre ces deux voix. Il en serait de même d'une partie *un peu grave* pour le *Ténor* et un *peu haute* pour la *Basse;* on pourrait l'écrire (en clef de *fa* 4me) pour le *Baryton,* voix intermédiaire des hommes.

DU RENVERSEMENT DES ACCORDS

§ **138.** — On *renverse* un accord, en plaçant à la *basse* une de *ses notes*, *autre* que la *fondamentale*; celle-ci se trouve, dès lors, à l'une des parties supérieures.

RENVERSEMENT DES ACCORDS DE TROIS SONS

§ **139.** — Les accords de *trois sons* ont chacun *deux renversements*.

ACCORDS DE TROIS SONS—PREMIER RENVERSEMENT

§ **140.** — Le *1er renversement* s'obtient en plaçant à la *basse la tierce de la fondamentale*.

Il se compose d'une *tierce* et d'une *sixte*; on l'appelle *accord de sixte*; on le chiffre par 6, et l'on introduit, au besoin, dans le chiffrage, les *signes accidentels* qui peuvent être nécessaires pour obtenir la tierce et la sixte voulues.

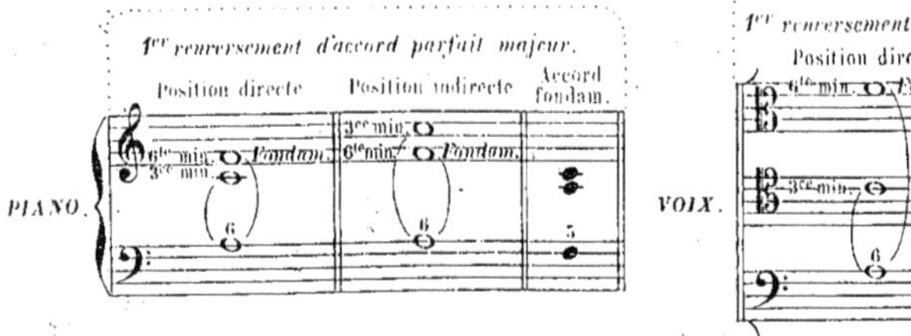

NOTA. — *La note fondamentale* devient la *sixte* du 1er renversement: ce fait est commun à tous les accords.

ACCORD DE SIXTE

1er RENVERSEMENT DE L'ACCORD PARFAIT MAJEUR

§ **141.** — Dans l'accord de *sixte*, 1er renversement de l'accord *parfait majeur*, la *tierce* et la *sixte* sont *MINEURES*.

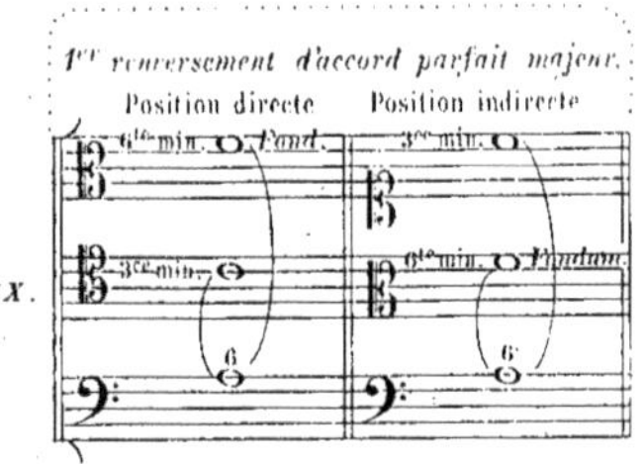

EXERCICE

Former un *accord de sixte*, renversement d'accord *parfait majeur*, sur chacune des notes suivantes; le disposer de deux manières, et placer, à sa suite, son accord *fondamental*; chiffrer soi-même tous ces accords.

ACCORD DE SIXTE

1er RENVERSEMENT DE L'ACCORD PARFAIT MINEUR

§ 142. — Dans l'accord de *sixte*, 1er renversement de l'accord *parfait mineur*, la *tierce* et la *sixte* sont MAJEURES.

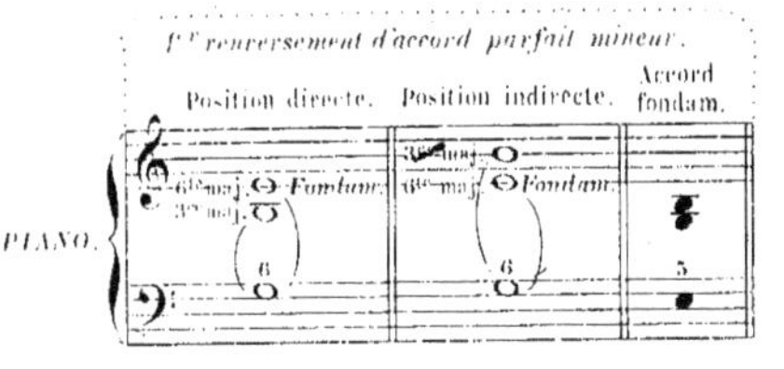

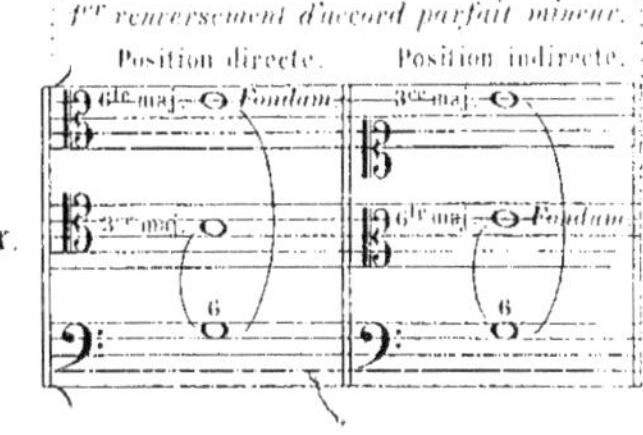

EXERCICE

Former un *accord de sixte*, renversement d'accord *parfait mineur*, sur chacune des notes suivantes; le disposer de deux manières, et placer, à sa suite, son *accord fondamental*. Chiffrer le tout.

ACCORD DE SIXTE

1er RENVERSEMENT DE L'ACCORD DE QUINTE DIMINUÉE

§ 143. — Dans l'accord de *sixte*, 1er renversement de l'accord de *quinte diminuée*, la *tierce* est *mineure* et la *sixte, majeure*.

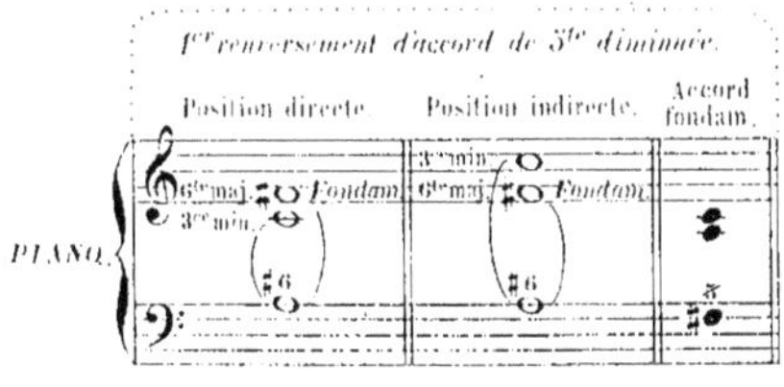

EXERCICES

Former un *accord de sixte* renversement de *quinte diminuée*, sur chacune des notes suivantes; le disposer de deux manières, et placer, à sa suite, son *accord fondamental*. Chiffrer le tout.

Réaliser les accords chiffrés ci-après dans *une seule position*.
Indiquer par les abréviations *maj., min.* et *dim.*, s'ils dérivent d'un accord *majeur, mineur* ou *diminué*.

DE L'IMPORTANCE RELATIVE DES ACCORDS DE SIXTE
et de la place qu'ils occupent dans les deux modes

§ 144.—*L'importance relative* des accords fondamentaux se retrouve généralement, dans leurs renversements.

C'est ainsi que les *renversements* des accords de *premier ordre* sont *bien plus usités* que les autres.

D'après cela, les *accords de sixte* dont on fait le plus d'usage, sont ceux du 3me, du 6me et du 7me degré des deux modes; lesquels *dérivent* des accords parfaits du 1er, du 4me et du 5me degré, tous les trois *de premier ordre*.

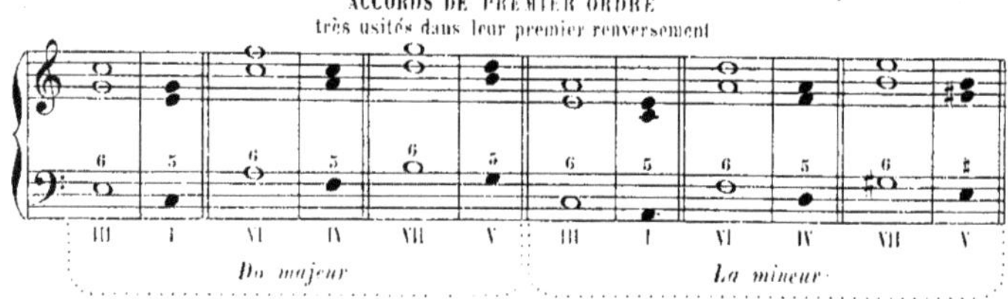

§ 145.—Sont encore fort usités: les *accords de sixte* du 2me et du 4me degré.

§ 146.—Au reste, la douceur toute particulière du 1er renversement rend son emploi *possible sur tous les degrés* des deux modes, excepté sur le 5me du mode mineur, dont la tierce majeure et la sixte mineure forment entre elles une *dissonance.*(*)

RÉALISATION DES ACCORDS DE SIXTE A TROIS PARTIES

§ 147.—En général, il n'y a pas lieu de supprimer *ni la tierce ni la sixte* de ces accords; ce qui dispense *d'en doubler aucune note*, dans l'écriture à trois parties.

Tous les accords de sixte devront donc être complets, si ce n'est *celui du 4me degré précédant la dominante*, dont on pourra, *retrancher la tierce et doubler la basse*, lorsque cela paraîtra *nécessaire*, pour obtenir une *mélodie plus naturelle* dans l'une des parties supérieures.

(*) On verra à la page   que cet accord de sixte est praticable comme accord dissonant.

ENCHAÎNEMENT DES ACCORDS DE SIXTE

avec d'autres accords quelconques

§ 148.—En enchaînant un *accord de sixte* à celui qui le précède ou à celui qui le suit, il est bon de conserver à la même partie, *toute note commune* qui peut s'y rencontrer.

§ 149.—A défaut de *note commune*, on peut rechercher le *mouvement contraire*; mais, à trois parties, un accord de sixte *s'attaque* fort bien par *mouvement direct*, surtout si l'on place la *sixte* à la *partie supérieure*.

QUINTES DIRECTES PERMISES (§§ 120 à 122)

§ 150.—Le *6me degré* précédé de *l'accord de sixte* de la *médiante* (fondamentale, *tonique;*) et le *2me degré* précédé de *l'accord de sixte* du 6me (fondamentale, *sous-dominante;*) permettent quelquefois, et surtout au temps faible, l'arrivée de *leur quinte* par *mouvement direct*, en montant. (§ 123)

ACCORDS DE SIXTE PAR DEGRÉS CONJOINTS

§ 151.—Les *suites d'accords de sixte* par degrés conjoints s'écrivent, autant que possible, en *position serrée*, la *sixte* placée à la *partie supérieure*, la *tierce* tenant le milieu, le tout en *mouvement direct*.

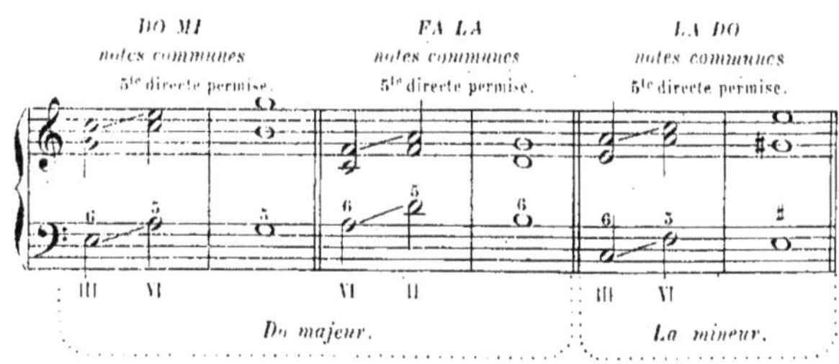

Plus les *parties supérieures* sont *éloignées de la basse*, plus les *quartes consécutives* qu'elles forment entre elles sont *à découvert* et font *mauvais effet*.

DES NOTES PORTANT DEUX ACCORDS

§ 152. — Lorsqu'*une note*, portant *deux accords*, est d'une valeur *divisible par deux*; comme, dans les mesures simples: la *ronde*, la *blanche* ou la *noire*; et dans les mesures *composées*: toute *note pointée* qui vaut *deux ou quatre temps*; on donne à chaque accord la *moitié de la valeur* de cette note, à moins d'indication contraire.

§ 153. — Si la *note* portant *deux accords* était d'une valeur *divisible par trois*; comme *toute valeur pointée* remplissant une mesure simple à *trois temps*, ou seulement *un temps* d'une *mesure composée*; on donnerait au *premier* accord les *deux tiers* de la valeur de cette note, et au *second* accord *le tiers restant*.

§ 154. — Lorsque, sur *une note tenue* ou *répétée*, l'accord de *tierce et quinte* succède à celui de *tierce et sixte* et *vice versa*; il est bon que la *quinte* et la *sixte* soient faites par la *même partie*; et que la *tierce*, *note commune* aux deux accords, soit *maintenue* dans une autre. (Voir tous les exemples qui précèdent)

Cette règle n'a rien d'absolu. (Voir le 2ᵐᵉ exemple §

EXERCICES A TROIS PARTIES

sur les accords de sixte des 3ᵐᵉ, 4ᵐᵉ, 6ᵐᵉ et 7ᵐᵉ degrés.

Les exercices préparatoires devront, autant que possible, être faits dans *deux positions*;
la leçon les résumant, dans *une seule*. (*)

Exercices préparatoires pour la Leçon en Do majeur.

LEÇON EN DO MAJEUR.

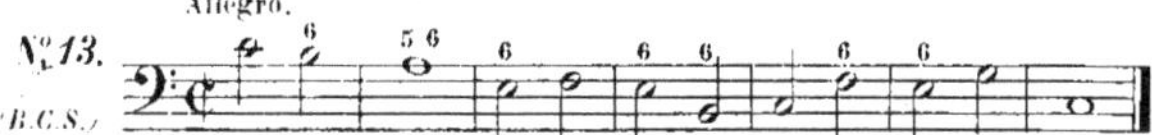

Exercices préparatoires pour la Leçon en Sol majeur.

LEÇON EN SOL MAJEUR.

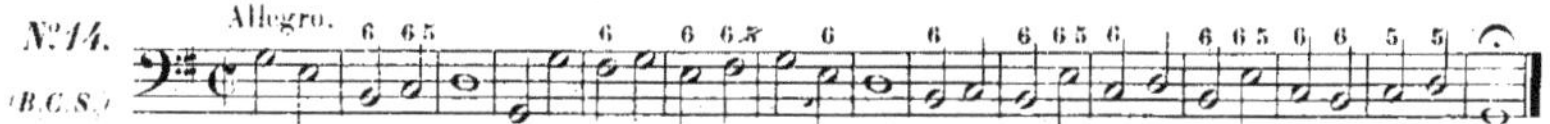

Exercices préparatoires pour la Leçon en Sol mineur.

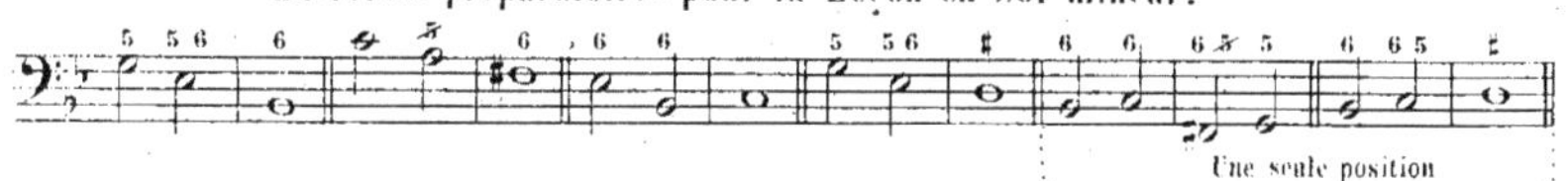

LEÇON EN SOL MINEUR.

(*) Les leçons écrites *d'une seule manière* doivent, généralement, se terminer par la *tonique* à la *partie supérieure* comme à la basse. (Voir plus loin §§ 259 et 260)

(**) Nous désignerons, désormais, par les initiales B. (Basse) T. (Ténor) C. (Contralto) S. (Soprano) les voix pour lesquelles on devra disposer chaque leçon.

56

ACCORD DE SIXTE DU 2ᵈ DEGRÉ DES DEUX MODES
premier renversement de l'accord de Quinte diminuée du 7ᵐᵉ degré

§ 155. — Lorsque *l'accord de sixte* du 2ᵈ *degré* est suivi de *l'accord parfait de la tonique* à l'état fondamental ou de premier renversement, on doit, généralement, faire *monter d'un demi-ton* la *note sensible*, sixte du 2ᵈ degré.

Bien que cet accord dérive de celui de *quinte diminuée* du 7ᵐᵉ degré et qu'il contienne les *deux notes attractives*, la résolution *descendante* du 4ᵐᵉ degré sur la médiante n'y est pas impérieuse comme dans l'accord fondamental; parce que, dans ce premier renversement, ni l'une ni l'autre des *notes attractives* ne se trouvant à la basse, *l'effet dissonant* produit par ces deux notes y est *moins accusé*.

C'est pourquoi le *4ᵐᵉ degré* peut *monter au 5ᵐᵉ*, lorsque l'accord de *sixte du 2ᵈ degré* (dont il est la tierce) est suivi de l'accord de *sixte de la médiante*.

La *position directe* de ces accords *est alors* indispensable, pour éviter *deux quintes consécutives* entre les parties supérieures.

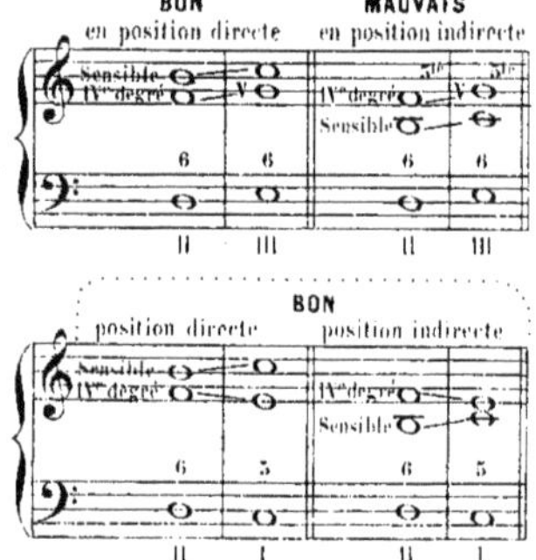

Mais, si l'accord de *sixte du 2ᵈ degré* est suivi de *l'accord parfait de la tonique*, sa *tierce* doit, autant que possible, obéir à la *loi d'attraction* en *descendant* d'un degré.

EXERCICES
Réaliser les leçons suivantes à trois parties

ACCORD DE SIXTE DU SECOND DEGRÉ
Exercices préparatoires pour la Leçon en Ré majeur

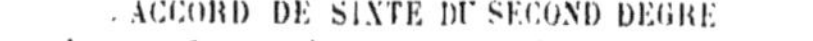

Nᵒ 19.
(B. C. S.)

Exercices préparatoires pour la Leçon en Si mineur

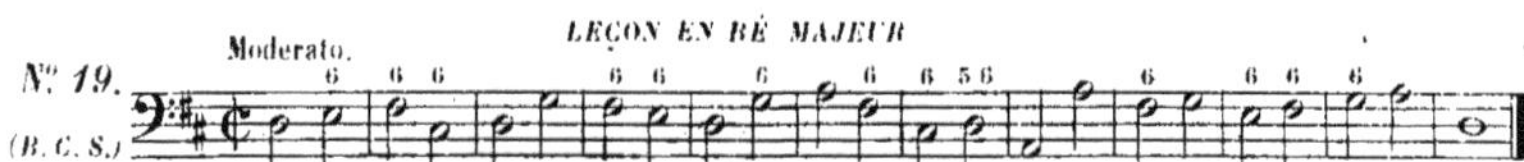

Nᵒ 20.
(B. C. S.)

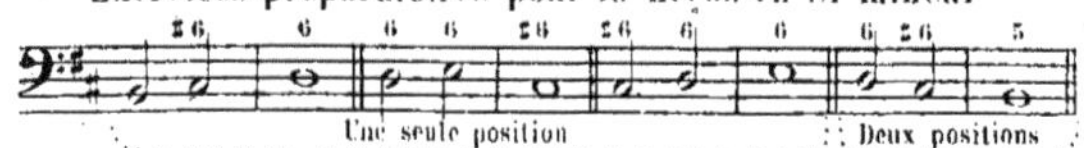

Nᵒ 21.
(B. C. S.)

Nᵒ 22.
(B. C. S.)

ACCORDS DE TROIS SONS — SECOND RENVERSEMENT

§ **156.** — Le *second renversement* s'obtient en plaçant à la *basse* la *quinte de la fondamentale*.

Il se compose d'une *quarte* et d'une *sixte*; on l'appelle accord de *quarte et sixte*; on le chiffre par $\frac{6}{4}$, et l'on introduit, au besoin, dans le chiffrage, les *signes accidentels* qui peuvent être nécessaires pour obtenir la quarte et la sixte voulues.

La *quarte* étant *augmentée* dans le 2ᵈ renversement de l'accord de *quinte diminuée*, on appelle ce renversement accord de *quarte augmentée et sixte*; on le chiffre quelquefois par $\underset{+}{6}{4}$, quand il est placé sur le 4ᵐᵉ degré; la petite croix indique alors que la *quarte augmentée* est la *note sensible*.

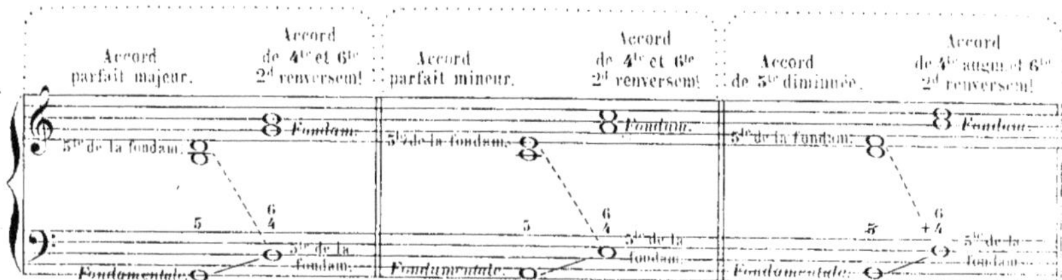

NOTA. La *note fondamentale* devient la *quarte* du 2ᵈ renversement. Ce fait est commun à tous les accords.

ACCORD DE QUARTE ET SIXTE

2ᵈ RENVERSEMENT DE L'ACCORD PARFAIT MAJEUR

§ **157.** — Dans l'accord de *quarte et sixte*, 2ᵈ renversement de l'accord *parfait majeur*, la *quarte* est *juste* et la *sixte* est *majeure*.

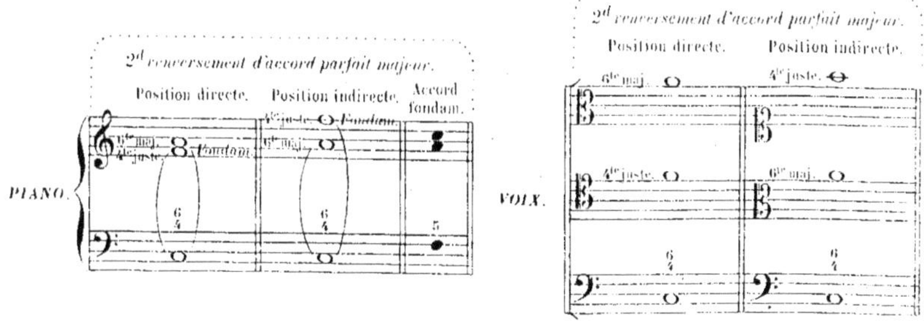

EXERCICE

Former un accord de *quarte et sixte*, renversement d'accord *parfait majeur* sur chacune des notes suivantes; le disposer de deux manières et placer à sa suite son *accord fondamental*. Chiffrer soi-même tous ces accords.

ACCORD DE QUARTE ET SIXTE

2^d RENVERSEMENT DE L'ACCORD PARFAIT MINEUR

§ 158.—Dans l'accord de *quarte et sixte*, 2^d renversement de l'accord *parfait mineur*, la *quarte est juste* et la *sixte est mineure*.

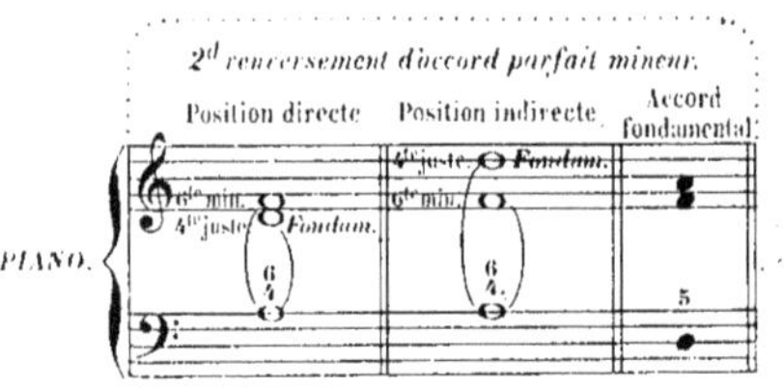

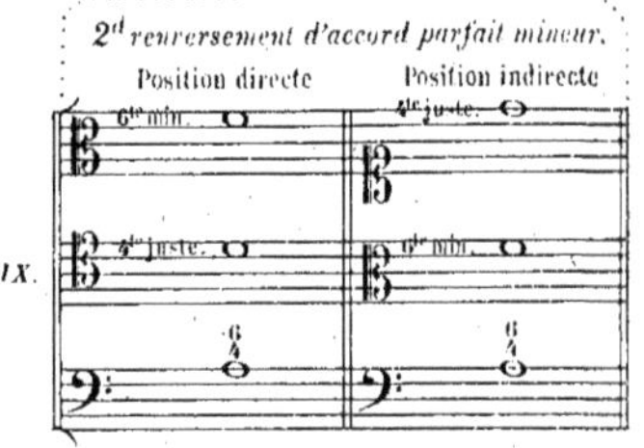

EXERCICE

Former un accord de *quarte et sixte*, renversement d'accord-*parfait mineur*, sur chacune des notes suivantes; le disposer de deux manières, et placer, à sa suite, son *accord fondamental*. Chiffrer le tout.

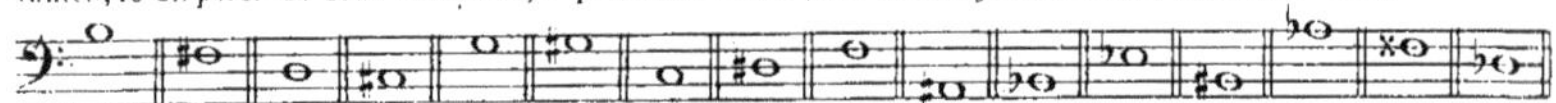

ACCORD DE QUARTE AUGMENTÉE ET SIXTE

2^d RENVERSEMENT DE L'ACCORD DE QUINTE DIMINUÉE

§ 159.—Le 2^d renversement de l'accord de *quinte diminuée* se compose d'une *quarte augmentée* et d'une *sixte majeure*.

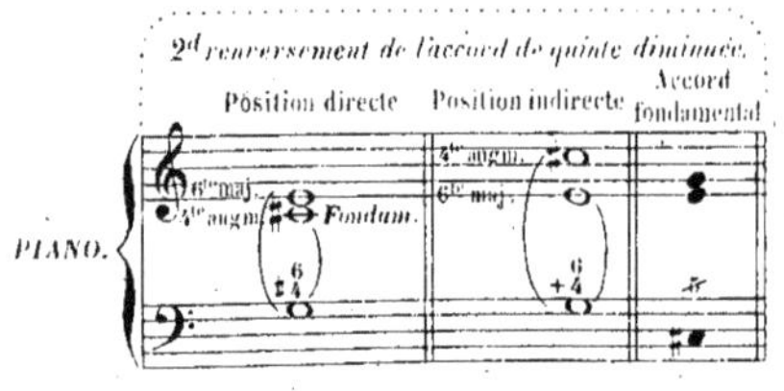

EXERCICES

Former un accord de *quarte augmentée et sixte* sur chacune des notes suivantes; le disposer de deux manières, et placer, à sa suite, son *accord fondamental*. Chiffrer le tout.

Réaliser les *accords chiffrés* ci-après dans une seule position. Désigner la nature des accords fondamentaux dont ils dérivent.

DE L'USAGE QU'ON FAIT DES ACCORDS DE QUARTE ET SIXTE
dans les deux Modes

§ 160.—Parmi les accords de *quarte et sixte*, il n'y a de *très usités*, que ceux du 1er, du 2me et du 5me degré des deux modes, lesquels dérivent des accords de premier ordre.

ACCORDS DE QUARTE ET SIXTE USITÉS *(renversements des accords de 1er ordre.)*

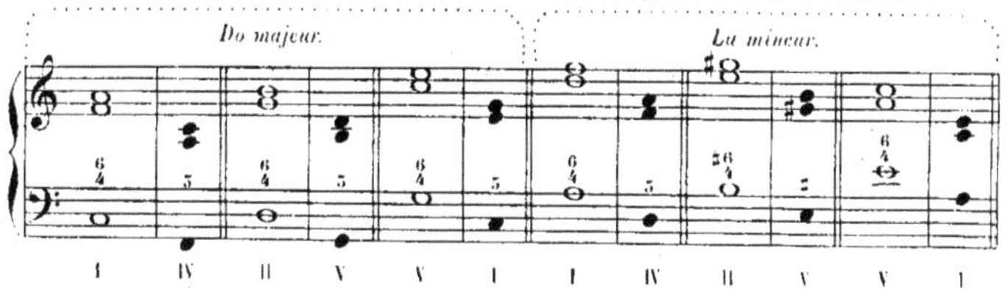

§ 161.—Les *seconds renversements d'accords parfaits*, autres que ceux de 1er ordre, ne s'emploient que comme *accords de passage*; c'est-à-dire, sur *un temps faible* ou *une partie faible de temps*, la *basse* de l'accord de *quarte et sixte* étant en *rapport conjoint* avec la note *qui la précède*, et avec celle *qui la suit*.

L'accord de *quarte et sixte* du *2d degré* ne se fait guère, lui-même, que dans ces conditions.

ACCORDS DE QUARTE ET SIXTE DE PASSAGE

RÉALISATION DES ACCORDS DE QUARTE ET SIXTE

§ 162.—En général, il n'y a pas lieu de supprimer *ni la quarte ni la sixte* de ces accords: ce qui dispense *d'en doubler aucune note*, dans l'écriture à trois parties.

ACCORDS DE QUARTE ET SIXTE, RENVERSEMENTS D'ACCORDS PARFAITS
Préparation et résolution de la Quarte (*)

§ 163.—L'effet du *2d renversement* d'un *accord parfait* est toujours *meilleur*, lorsqu'on l'emploie dans les conditions suivantes:

1° Il faut, généralement, que l'une des deux notes formant l'intervalle de *quarte juste* soit *préparée*; c'est-à-dire qu'elle doit avoir été entendue d'abord, et dans la *même partie*, comme note intégrante de l'accord qui précède celui de quarte et sixte.

PRÉPARATION DE L'UNE DES 2 NOTES FORMANT 4te

(*) Les règles énoncées au § 163 sont applicables à tous les 2ds renversements d'accords produisant la 4te juste. Cependant, nous devons dire que beaucoup de théoriciens n'en tiennent aucun compte.

2° Il est bon que l'*une* ou l'*autre* des notes formant *quarte juste*, reste stationnaire, en se prolongeant dans l'*accord suivant:* la *quarte* se trouve, dès lors, *sauvée* ou *résolue*.

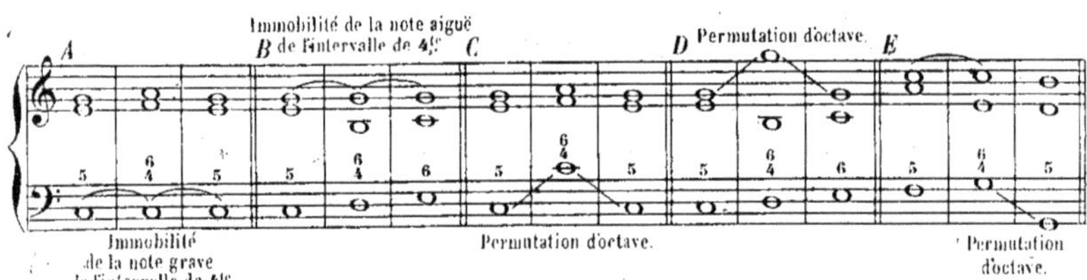

§ 164. — La *note* qui sert de *préparation* ou de *résolution* à la *quarte* peut rester *immobile* (Ex: *A* et *B*), ou bien *permuter d'octave* (Ex. *C, D, E*)

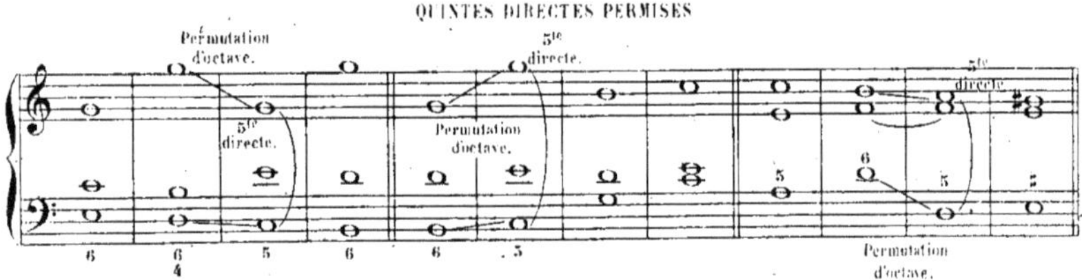

§ 165. — En général, la *permutation d'octave* équivaut à peu près à *une tenue;* c'est pourquoi l'on peut se permettre la *quinte directe* entre les *parties extrêmes* dans des cas comme les suivants:

EXCEPTION

§ 166. — On est *dispensé de préparer la quarte* du 2ᵈ renversement de l'accord parfait de la tonique (l'accord de *quarte et sixte de la dominante*), lorsqu'il est employé comme *avant-dernier* ou *antépénultième* accord d'une phrase musicale. (Voir plus loin, §§

Mais s'il se présente comme *accord de passage* la préparation *de la quarte y est aussi nécessaire* que dans tout autre 2ᵈ renversement.

§ **167.** — Lorsque l'une des notes formant *quarte juste* monte ou descend d'un *demi-ton* soit *diatonique*, soit *chromatique*, la quarte doit être considérée comme *sauvée*.

§ **168.** — Un accord de *quarte et sixte de passage* est *insuffisant* pour corriger *l'effet de deux quintes consécutives* comme les suivantes:

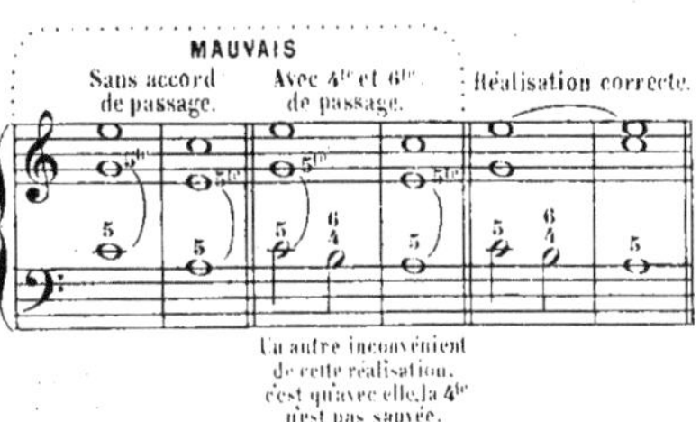

ACCORD DE QUARTE ET SIXTE DU 2d DEGRÉ

RÉSOLUTION DE LA NOTE SENSIBLE

§ **169.** — Lorsque l'accord de *quarte et sixte du 2d degré* est suivi de l'accord *parfait de la tonique* à l'état *fondamental* ou de *1er renversement*, on doit, généralement, et *surtout en mineur*, faire *monter à la tonique* la *note sensible*, sixte du 1er accord. Dans le premier cas, (accord de tonique *fondamental* succédant à l'accord de quarte et sixte du 2d degré) on est *dispensé de sauver la quarte*, dans l'écriture à *trois parties*.

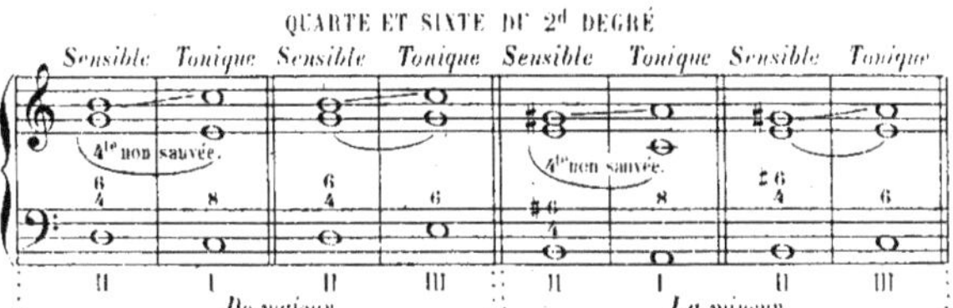

§ **170.** — Dans la même succession d'accords: (quarte et sixte du 2d degré, et accord parfait fondamental sur le 1er) la résolution de *la sensible* sur la *tonique* n'est *obligatoire, en majeur*, que dans le cas où l'on fait *un repos* sur l'accord de tonique, et principalement le *repos final*. Si donc, l'accord de tonique *n'est pas conclusif*, la résolution de la sensible devient *facultative*.

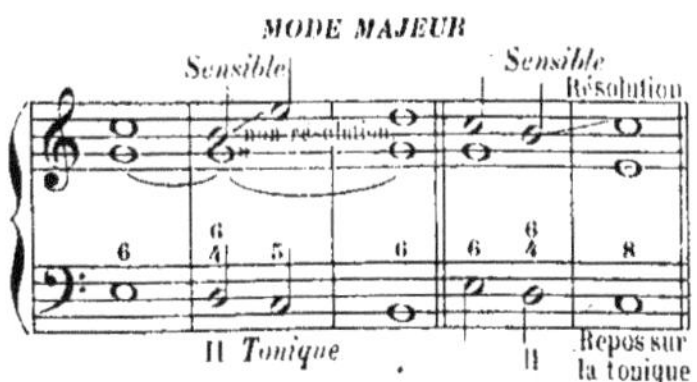

Cette *non-résolution* de la sensible sur la tonique n'est guère praticable en mineur, dans l'harmonie élémentaire parce qu'elle oblige à faire le saut de quarte diminuée en montant.

62.

EXERCICES A TROIS PARTIES
sur les accords de *Quarte* et *Sixte*

Les exercices préparatoires devront être faits dans *deux positions*, la leçon les résumant, dans une seule.

QUATRE LEÇONS SUR LES ACCORDS DE QUARTE ET SIXTE LES PLUS USITÉS

Exercices préparatoires pour la Leçon en Ré majeur

Exercices préparatoires pour la Leçon en Sol mineur

Exercices préparatoires pour la Leçon en Ré mineur

ACCORDS DE QUARTE ET SIXTE PEU USITÉS
Exercices préparatoires pour la Leçon en Do majeur

Exercices préparatoires pour la Leçon en La mineur

ACCORD DE QUARTE AUGMENTÉE ET SIXTE

2ᵈ RENVERSEMENT DE L'ACCORD DE QUINTE DIMINUÉE

§ 171.—L'accord de *quarte augmentée et sixte* trouve son emploi sur le *4ᵐᵉ degré* du *mode majeur*, sur *le 4ᵐᵉ et le 6ᵐᵉ degré* du *mode mineur*. On n'est pas tenu d'en préparer la quarte.

§ 172.—L'accord de *quarte augmentée et sixte* du *4ᵐᵉ degré* des deux modes est le 2ᵈ renversement de l'accord de *quinte diminuée* du *7ᵐᵉ degré*; il contient donc les *deux notes attractives*. L'une d'elles, le *4ᵐᵉ degré*, étant à la *basse*, l'effet dissonant qui existe entre cette note et le *7ᵐᵉ degré*, sa quarte augmentée, est *très-accentué*; ce qui oblige la *basse à descendre d'un degré* et la *quarte augmentée* (note sensible) à *monter* d'un demi-ton.

§ 173.—L'accord de *quarte augmentée et sixte* du *6ᵐᵉ degré* du mode mineur ne contient ni l'une ni l'autre des *notes attractives*; mais l'effet *dissonant* de l'intervalle de *quarte augmentée* n'en existe pas moins, et cela suffit pour *obliger la basse à descendre d'un degré*.

EXERCICES A TROIS PARTIES

sur les accords de *Quarte augmentée* et *Sixte*.

Les exercices préparatoires devront être faits dans *deux positions*; la leçon les résumant, dans *une seule*.

ACCORD DE QUARTE AUGMENTÉE ET SIXTE DU 4ᵐᵉ DEGRÉ (*Mode majeur*)

Exercices préparatoires

ACCORD DE QUARTE AUGMENTÉE ET SIXTE DU 4ᵐᵉ ET DU 6ᵐᵉ DEGRÉ (*Mode mineur*)

Exercices préparatoires

CHAPITRE III

HARMONIE A QUATRE PARTIES

SUPPRESSION ET REDOUBLEMENT DE NOTES
dans les accords de trois sons fondamentaux

§ **174.**—Pour obtenir *quatre parties* au moyen des accords de *trois sons*, il faut, nécessairement, doubler l'un de *ces trois sons*, à *l'octave*, à la *double octave* ou à *l'unisson*. (Voir §

DU CHOIX DE LA NOTE A DOUBLER

§ **175.**— Pour les *principes généraux*, (Voir §§
Pour le redoublement de la *basse* et le redoublement de la *tierce* de l'accord parfait majeur et de l'accord parfait mineur, (Voir §§

REDOUBLEMENT DE LA QUINTE
dans l'accord parfait majeur et l'accord parfait mineur

§ **176.**— Le redoublement de la *quinte* des *accords parfaits* n'a rien de mauvais en lui-même, et, dans certains cas, il peut être utile de le pratiquer; mais il occasionne souvent des fautes telles que *quintes* ou *octaves consécutives*.

Il est particulièrement difficile d'*enchaîner*, correctement, *deux accords parfaits* par *degrés conjoints*, dont l'un avec *quinte doublée*.

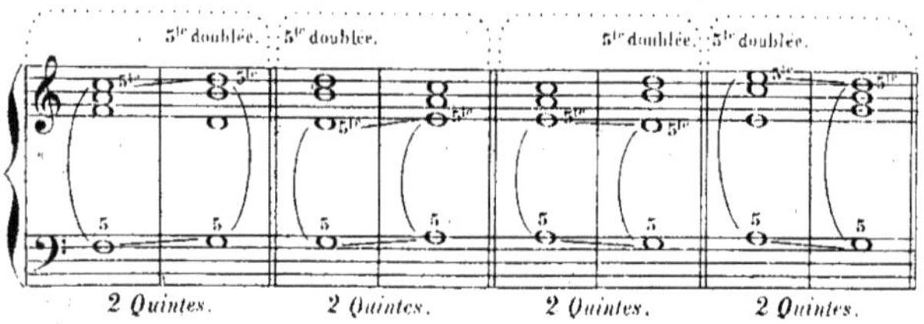

§ **177.** — Dans les successions d'accords par *degrés disjoints*, ce *redoublement* de la *quinte* est praticable; néanmoins, il faut toujours se défier des fautes qu'il peut occasionner.

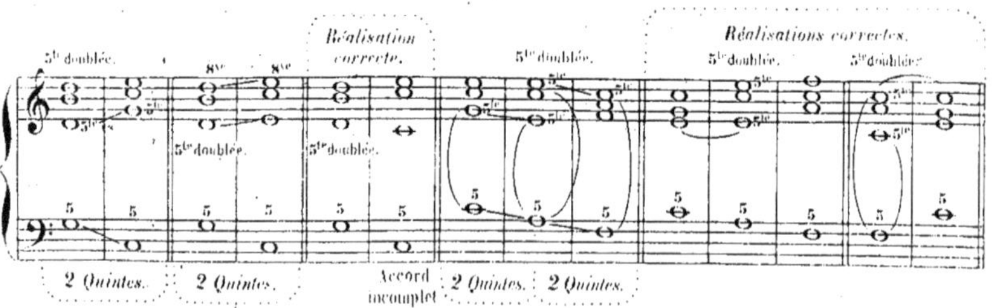

SUPPRESSION DE LA QUINTE

§ 178.— On supprime *rarement* la *quinte* d'un accord *parfait*, dans l'écriture à *4 parties*.

Il est des cas, cependant, où cette suppression peut être motivée; on double, alors, *les deux autres notes* de l'accord; ou, s'il s'agit d'un degré de 1er ordre, on peut en tripler la basse.

SUPPRESSION DE LA QUINTE

§ 179.— Dans l'enchaînement à 4 parties de l'accord parfait du 5me degré à celui du 6me, on peut faire la résolution ascendante de la note sensible (§) *sans rien supprimer* de ces deux accords: le premier est avec *basse doublée*, le second, avec *redoublement de sa tierce*.

ACCORD DE QUINTE DIMINUÉE DU 7me DEGRÉ DANS LES DEUX MODES

§ 180.— *Aucune note* de cet accord *ne doit être supprimée.*

La *meilleure note* qu'on en puisse *doubler* est la *tierce.*

La *quinte* ne se double *jamais.*

Quand à la *basse*, l'une des deux notes attractives, on ne doit la *doubler* que dans les cas suivants:

1° Dans les successions par *intervalles disjoints*; et principalement, dans les *progressions symétriques.*(Voir §)En pareil cas, la *quinte diminuée* peut *monter* et la *note sensible* peut *descendre:* (cet accord est, ainsi, traité comme s'il était *consonant*) (Exemples *A. B.*)

2° Lorsque *l'accord du 7me degré*, étant suivi de *l'accord de tonique*, a été précédé de l'un des accords du 3me ou du 5me degré, qui permettent de *préparer cette basse doublée;* laquelle ne doit *occuper qu'une partie intermédiaire.*(Exemples *C. D. E.*)

BASSE DOUBLÉE DANS L'ACCORD DE QUINTE DIMINUÉE DU 7me DEGRÉ.

§ 181. — Dans l'accord de quinte diminuée du 2ᵈ degré du mode mineur, la *meilleure note à doubler* est la *basse*; on peut, au besoin, en *doubler* la *tierce*.

RÉALISATION DES ENCHAÎNEMENTS D'ACCORDS
à Quatre Parties

Toutes les règles contenues dans le chapitre II, page 42 et suivantes, sont applicables aux exercices à *quatre parties*, sauf les modifications suivantes:

DU MOUVEMENT DIRECT

§ 182. — Il est, généralement, *défendu* de pratiquer le *mouvement direct* aux quatre parties à la fois.

On verra, plus tard, *quelques exceptions* à cette règle; mais, provisoirement, on devra *l'observer dans toute sa rigueur*.

DES SAUTS DE QUARTE, DE QUINTE, DE SIXTE ET D'OCTAVE

§ 183. — On ne doit pas abuser des sauts de *quarte*, de *quinte*, de *sixte* et d'*octave*; ces grands intervalles n'étant fréquemment nécessaires que dans l'écriture à *deux* et à *trois* parties.

UNISSONS PERMIS

§ 184. — Deux parties contiguës peuvent faire *l'unisson* sur un *temps faible*, pourvu que cet unisson soit amené par *mouvement contraire* et *degrés conjoints*; ou par *mouvement oblique*.

§ 185. — On verra aux paragraphes 268 à 272 d'autres cas où *l'unisson* peut être permis; mais, il ne faut considérer *l'unisson* que comme une *licence* qu'on ne doit se permettre que si elle offre quelque avantage sérieux.

DES NOTES COMMUNES

§ 186. — A quatre parties, on a, plus souvent qu'à trois, l'occasion de profiter des notes communes.

HARMONIE A QUATRE PARTIES—DISPOSITIONS DIVERSES.

Accords disposés pour les Quatre voix adoptées (Page §

En position large. *En position serrée.*

Mêmes Accords disposés pour le Piano ou l'Orgue sur Deux Portées (§

Mêmes Accords sur Quatre Portées, pour Voix ou Instruments (§

LEÇONS A QUATRE PARTIES
sur les Accords de *trois sons* fondamentaux.

RÉALISATION A QUATRE PARTIES
des Accords de 3 sons dans leur 1er renversement

REDOUBLEMENT DE LA SIXTE (note fondamentale) *ET DE LA TIERCE* (5te de la fondamentale)

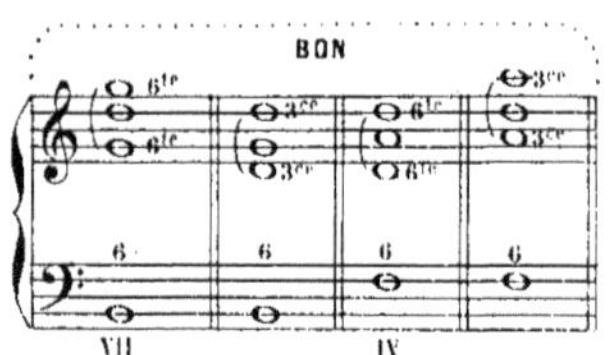

§ 187. — Dans les accords de *sixte*, on *double*, généralement, la *sixte* ou la *tierce*.

Cependant, on ne doit pas doubler la *sixte du 2d degré*, cette sixte étant la *note sensible*. On peut, au contraire, en doubler la *tierce*, bien que ce soit le *4me degré* (note attractive); l'*une* des deux tierces peut alors *monter* d'un degré, pendant que l'autre *descend* de la même quantité. (§ 155)

REDOUBLEMENT DE LA BASSE (3ce de la fondamentale) *DANS LES ACCORDS DE SIXTE*

§ 188. — On double parfois la *basse* des *accords de sixte*, renversements d'accords *parfaits mineurs* ou de *quinte diminuée*.(*)

Mais on évite, autant que possible, le *redoublement de la basse*, dans les *premiers renversements d'accords parfaits majeurs*, cette note étant la *tierce majeure* de la *fondamentale*.

Ce *redoublement peut se faire*, cependant, soit pour ne pas tomber dans un *défaut plus grave* (par exemple, pour ne pas faire des *quintes ou des octaves consécutives*); soit pour obtenir une *mélodie plus chantante*.

(*) Lorsqu'on double la basse de l'accord de *sixte* du *2d degré* et que cet accord est suivi de *celui de la tonique* à l'état fondamental ou de 1er renversement, on peut, selon la *position* dans laquelle on se trouve, faire *monter* ou *descendre* d'un degré la *tierce* du premier accord. (§ 155)

§ **189.**—On ne doit *jamais* doubler la *basse de l'accord de sixte du 7ᵐᵉ degré*, puisque ce serait doubler la *note sensible*, *tierce majeure* de la dominante.

Au contraire, on peut *toujours* doubler la *basse de l'accord de sixte du 1ᵉʳ degré* du mode *mineur* (peu usité); bien qu'il dérive d'un accord *majeur;* parce que, dans ce cas, la note doublée est de *1ᵉʳ ordre*.

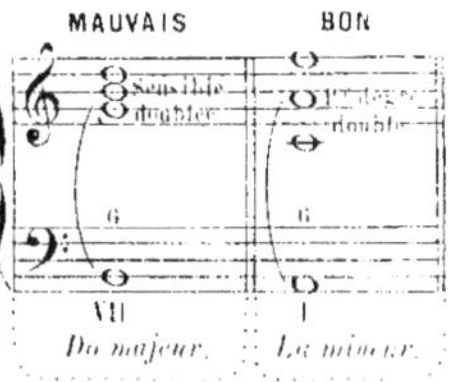

ACCORD DE SIXTE avec BASSE DOUBLÉE
à la partie supérieure.

§ **190.**—En général, il ne faut pas placer, à la *partie supérieure,* la *basse doublée* des accords de sixte, à moins que cette note ne soit l'un des *degrés de 1ᵉʳ ordre*.

§ **191.**—Cependant, on admet, au *temps faible,* le *redoublement de la basse* d'un accord de sixte à la *partie supérieure,* lorsque *chacune des parties extrêmes* procède par *série de trois sons conjoints* en *mouvement contraire,* comme dans les exemples suivants.

Seul, l'accord de sixte du 7ᵐᵉ degré des deux modes ne saurait bénéficier de cette exception.

LEÇONS A QUATRE PARTIES
sur les Accords de sixte

N° 37. Moderato.

N° 38. Allegro.

N° 39. Allegretto.

N° 40. Allᵒ moderato.

(*) On peut écrire, alternativement, à 3 et à 4 parties, des suites d'accords destinés au *Piano* ou à l'Orgue. Les accords de *sixte* sont ceux qui *motivent,* le plus souvent, *l'abstention* d'une des quatre parties.

§ **192.**—Les *séries d'accords de sixte* par *degrés conjoints*, se font, le plus souvent, à *trois parties seulement*, dans les conditions indiquées au §   une 4ᵐᵉ partie n'offrant, généralement, en pareil cas, que des embarras de réalisation.

Si donc, une telle série se présente dans une leçon à quatre parties; on en fait taire une, momentanément, en y plaçant des silences.

Le choix de la partie qui doit se taire est *facultatif*, et subordonné, seulement, aux règles concernant la bonne disposition des accords, tant au point de vue de l'échelonnement de leurs notes, qu'à celui du diapason des voix ou des instruments pour lesquels on écrit.

EXEMPLES

Leçon à réaliser pour l'application de la règle qui précède

RÉALISATION A QUATRE PARTIES
des Accords de 3 sons dans leur 2ᵈ renversement

ACCORDS DE QUARTE ET SIXTE, RENVERSEMENTS D'ACCORDS PARFAITS

REDOUBLEMENT DE LA BASSE (5ᵗᵉ de la fondamentale)

§ **193.**— Dans les accords de *quarte et sixte*, renversements *d'accords parfaits*, on double la *note de basse* de préférence à toute autre.

REDOUBLEMENT DE LA QUARTE (note fondamentale)

§ 194.—On peut aussi doubler la *quarte* des 2ᵈˢ renversements *d'accords parfaits*, surtout si elle est *préparée*, soit par la *basse*, soit aux *deux parties* qui font la note supérieure de l'intervalle de quarte. (Cette condition n'est pas de rigueur sur le 5ᵐᵉ degré).

ACCORDS DE QUARTE ET SIXTE AVEC QUARTE DOUBLÉE

REDOUBLEMENT DE LA SIXTE (3ᶜᵉ de la fondamentale)

§ 195.—On double très rarement la sixte des 2ᵈˢ renversements d'accords parfaits. Néanmoins, le redoublement de la *6ᵗᵉ*, *préparée au moins à une partie*, est d'un *très bon effet*, surtout quand elle est mineure.

ACCORD DE QUARTE ET SIXTE DU 2ᵈ DEGRÉ DES DEUX MODES

§ 196.—On ne doit pas doubler la *sixte* de cet accord, parce qu'elle est *note sensible*, *tierce majeure* de la fondamentale, et qu'*elle tend à monter*.

ACCORD DE QUARTE AUGMENTÉE ET SIXTE DU 4ᵐᵉ DEGRÉ
des Deux modes

2ᵈ RENVERSEMENT DE L'ACCORD DE QUINTE DIMINUÉE DU 7ᵐᵉ DEGRÉ

§ 197.—Dans l'accord de *quarte augmentée et sixte* du *4ᵐᵉ degré* des deux modes, on ne peut doubler que la *sixte*, parce que la *basse* et la *quarte* de cet accord sont les *deux notes attractives*, ayant chacune une tendance. (§§

ACCORD DE QUARTE AUGMENTÉE ET SIXTE, DU 6ᵐᵉ DEGRÉ
du Mode mineur

2ᵈ RENVERSEMENT DE L'ACCORD DE QUINTE DIMINUÉE DU 2ᵈ DEGRÉ

§ 198.—Dans l'accord de *quarte augmentée et sixte* du *6ᵐᵉ degré*, en mineur, on double la *quarte* (note fondamentale) ou la *sixte* (tierce de la fondamentale).

SYNCOPES OU TENUES SIMULTANÉES
aux deux parties extrêmes

§ 199. — On ne doit pas *syncoper*, à la fois, les *deux parties extrêmes*. *L'une d'elles* doit toujours *marquer* le *temps fort;* et cela, non par répétition de la même note; mais *en passant d'une note à une autre*, par un mouvement ascendant ou descendant quelconque.

§ 200. — Sauf quelques exceptions, on doit éviter aussi de placer, à la fois, aux deux parties extrêmes, des *notes tenues* qui, sans être des syncopes, nécessitent l'emploi de la *liaison*.

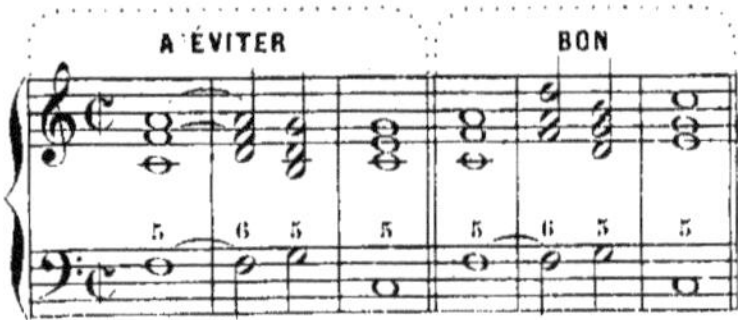

Ces règles doivent être observées dans l'harmonie élémentaire, *quel que soit le nombre des parties.* (Exceptions

CHAPITRE IV

CHANGEMENTS DE POSITION DES ACCORDS

ACCORDS BRISÉS OU ARPÉGÉS

ÉCHANGES DE NOTES

§ 201. — On peut, pendant sa durée, changer une ou plusieurs fois la position d'un accord, soit aux *parties supérieures*, soit à la *basse*.

§ 202. — Plusieurs changements de position dans *une même partie* y produisent ce qu'on appelle un accord *brisé* ou *arpégé*; c'est-à-dire, un accord dont *tous les sons*, ou *presque tous*, sont émis *successivement*, en forme de *batterie* ou en forme d'*arpège*.

§ 203. — On nomme accord *plaqué*, celui dont on fait entendre *simultanément* tous les sons, chaque partie n'en émettant *qu'un*.

Jusqu'ici, nous n'avions écrit que des *accords plaqués*.

§ 204. — Les changements de position des *parties supérieures* ne modifient pas l'état de l'accord.

74

§ **205.**— En revanche, *tout changement de position à la basse,* autre que le saut d'octave, entraîne le *changement d'ÉTAT* de l'accord.

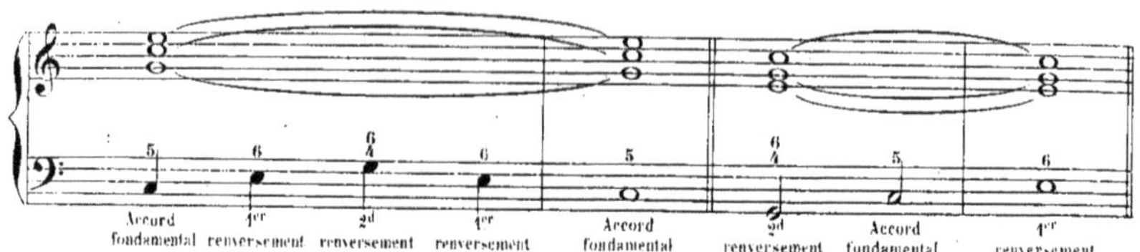

§ **206.**— Afin d'éviter la multiplicité des chiffres qui seraient nécessaires pour indiquer chacune des modifications apportées à l'accord par les changements de position de la basse, on n'en chiffre ordinairement que la *première note,* et l'on tire, à la suite du chiffre, ou s'il y en a plusieurs, de chacun des chiffres, une ligne horizontale que l'on nomme *barre de continuité.*

Cette barre indique que l'accord représenté par le chiffre d'où elle part doit être continué aussi longtemps qu'elle subsiste.

§ **207.**— On étend l'usage de la *barre de continuité:*

1° A *toute harmonie* se prolongeant sur *plusieurs notes de la basse,* quand même celle-ci ne ferait que permuter d'octave.

2° A *toute note* se prolongeant à *l'une des parties supérieures* comme appartenant à plusieurs accords successifs.

§ **208.**— Si, par le fait du changement de position d'une partie quelconque, une des notes importantes de l'accord vient à manquer, on peut compléter cet accord en changeant aussi la disposition d'une ou de plusieurs des autres parties.

Le procédé le plus simple est souvent, en pareil cas, de faire un *échange de notes.*

Ce procédé consiste en ceci : Étant donné, par exemple, le changement de position de *mi* à *sol*, dans une partie quelconque, celle des autres parties qui, primitivement, faisait le *sol*, devra, pour faire l'échange, aller prendre le *mi*, de manière à opposer cette succession : *sol-mi* à la succession *mi-sol*.

À *do-mi*, on opposerait *mi-do* ; à *fa-ré*, on opposerait *ré-fa*.

§ 209. — Mais on peut, dans les mêmes circonstances, pour compléter l'accord, faire d'autres *changements de position* sans qu'il y ait pour cela *échange* entre deux parties.

§ 210. — Lorsqu'un changement de position a lieu sur une *partie faible* de la mesure ou du temps et n'est que d'une *courte durée*, on peut quelquefois *se dispenser* de remplacer la note qui vient à manquer par suite de ce changement de position.

LICENCES DE RÉALISATION AUTORISÉES DANS LES CHANGEMENTS DE POSITION

INTERVALLES MÉLODIQUES

§ 211. — En effectuant les *changements de position* d'un accord, on peut passer de *l'une à l'autre* quelconque de ses notes, *quel que soit l'intervalle* qu'il y ait entre elles, pourvu qu'il n'excède pas l'octave.

QUINTE DIRECTE

§ 212. — On peut faire la *quinte directe* entre deux parties quelconques, dans un *changement de position* du même accord.

OCTAVE DIRECTE

§ **213.**— *L'octave directe est permise* lorsqu'elle provient de la *permutation d'octave à la basse.*

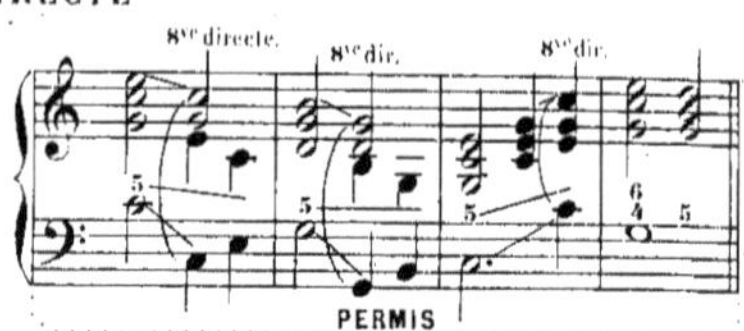

MOUVEMENT DIRECT AUX QUATRE PARTIES

§ **214.**— On peut faire le mouvement direct aux *quatre parties à la fois* dans un changement de position du même accord. (Voir l'exemple ci-dessus).

UNISSON

§ **215.**— On a vu §   que *l'unisson est permis* lorsqu'il est amené par le *mouvement oblique* sur un *temps faible:*

Ce cas se présente assez fréquemment lorsqu'on fait des *accords brisés* ou des *changements de position* dans les accords.

QUINTES PAR MOUVEMENT CONTRAIRE
séparées par une ou plusieurs notes intermédiaires

§ **216.**— Deux *quintes* par *mouvement contraire*, séparées par *une* ou *plusieurs notes intermédiaires*, sont permises entre toutes les parties, et principalement entre les parties du milieu.

OCTAVES PAR MOUVEMENT CONTRAIRE
séparées par une ou plusieurs notes intermédiaires

§ **217.**— Deux *octaves* par *mouvement contraire*, séparées par *une* ou *plusieurs notes intermédiaires*, sont également permises; mais il est bon de les *éviter*, autant que possible, entre *les parties extrêmes.*

NOTA. Les *octaves* et les *quintes* par mouvement contraire sont *d'autant meilleures* qu'il y a *plus de parties* avec *notes intermédiaires* et que celles-ci sont *plus longues.*

DES OCTAVES ET DES QUINTES PAR MOUVEMENT DIRECT
qui restent défendues malgré les notes intermédiaires

§ 218. — Si l'on permet deux quintes ou deux octaves par *mouvement contraire* grâce aux notes intermédiaires, il n'en est pas de même des quintes et des octaves par *mouvement direct*, lesquelles restent défendues *malgré les changements de position* qu'on peut opérer pendant la durée du premier accord, quand même des *mutations à la basse* auraient *changé l'état* de ce premier accord.

Quintes par mouvement direct, DÉFENDUES *malgré les changements de position du 1er accord.*

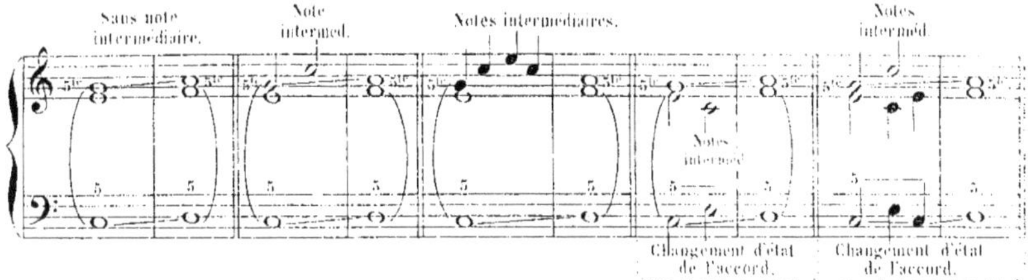

Octaves par mouvement direct, DÉFENDUES *malgré les changements de position du 1er accord.*

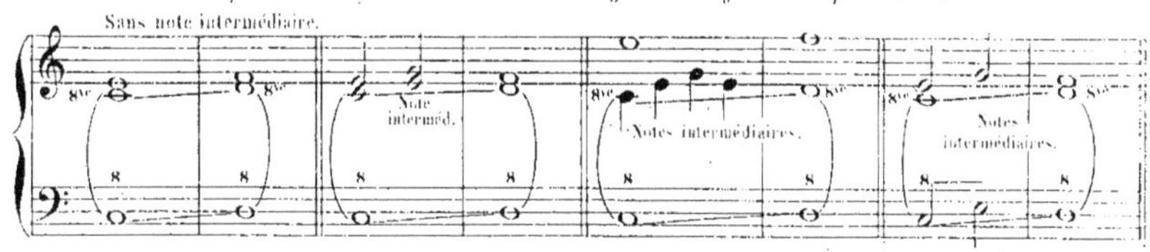

§ 219. — Pour faire *deux quintes,* ou *deux octaves par mouvement direct,* il faut : ou un *changement d'harmonie,* c'est-à-dire : faire entendre *un second accord* avant de *recommencer* le rapport de quinte ou d'octave *entre les deux parties où il a déjà existé;*

Quintes et Octaves PERMISES, *séparées par un changement d'accord.*

Quintes et Octaves PERMISES, *séparées par des notes intermédiaires d'une durée suffisante.*

ou bien, séparer ces *quintes* ou ces *octaves* par des *notes intermédiaires* ayant, en somme, la valeur d'une *mesure entière,* pour le moins.

§ **220.** — La succession de *quinte diminuée* du 7me degré et *quinte juste* de la tonique est permise, principalement entre les parties supérieures ou intermédiaires, lorsque ces *deux quintes* sont séparées par une ou plusieurs notes d'une valeur suffisante.

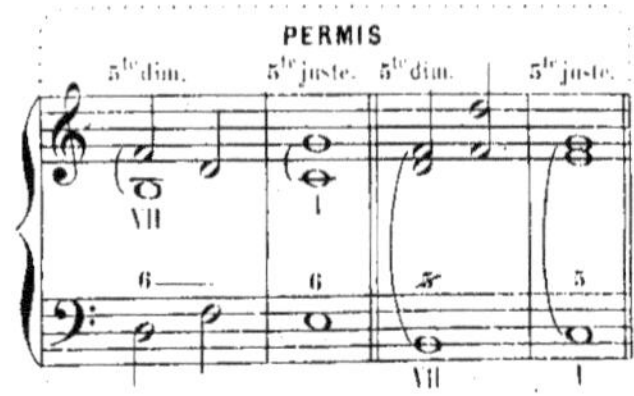

QUINTES ET OCTAVES RETARDÉES

§ **221.** — En général, les changements de position qui ont lieu *après l'attaque d'un accord* ne produisent point de successions fautives *avec l'accord précédent.* (Voir les exemples *B.C.E.F.* qui précèdent)

§ **222.** — Cependant, il est bon d'éviter *des quintes* et surtout *des octaves* comme celles de l'exemple suivant, qui ne sont que *RETARDÉES* par la basse; à moins qu'elles ne soient faites en *valeurs longues* ou dans un mouvement *lent.*

§ **223.** — Les *quintes retardées par l'une des parties supérieures* sont plus acceptables que les précédentes. Il n'en est pas ainsi des *octaves retardées* qui ne sont admissibles à *l'aigu* comme au *grave* qu'à la condition d'être faites en valeurs de *longue durée.*

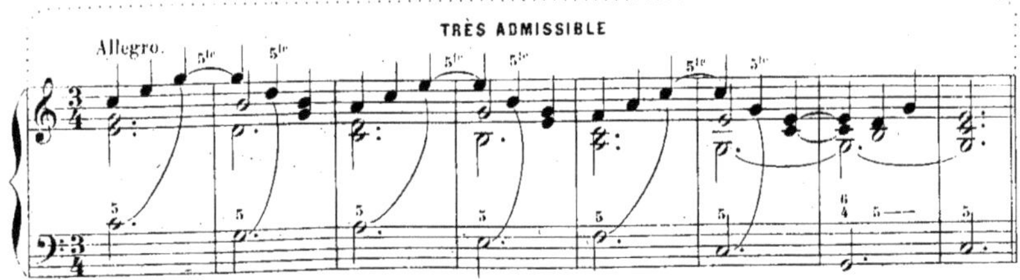

§ 224. — Deux quintes sont *permises*, lorsque la *seconde* quinte est amenée par un *mouvement oblique* formant syncope, parce qu'alors cette *seconde quinte* se trouve préparée ou anticipée. Mais, encore faut-il que la préparation en soit *suffisante*.

§ 225. — *L'octave anticipée*, plus encore que la quinte, exige une *longue préparation* relative.

OCTAVES ANTICIPÉES AVEC PRÉPARATION SUFFISANTE

ÉCHANGE DE NOTES EN VALEURS BRÈVES
aboutissant à l'octave

§ 226. — Si, à la suite d'un échange de notes en *valeurs brèves*, on aboutissait à *l'octave* par le *mouvement direct*, cela équivaudrait presque à deux octaves consécutives. C'est donc à éviter.

§ 227. — *Certains changements de position* dans une partie *en nécessitent* souvent dans une autre.

Ainsi; dans les exemples qui précèdent, la *partie supérieure* ne pourrait conserver sa *position primitive* pendant la durée de la *1re mesure toute entière*, parce qu'il en résulterait *deux octaves consécutives* avec la basse.

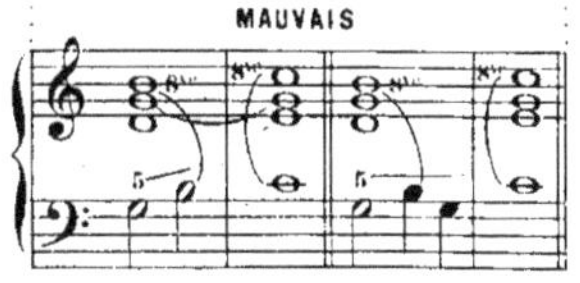

DES OCTAVES ET DES QUINTES
qui peuvent résulter des changements de position

§ 228. — Si les changements de position *corrigent* parfois certaines fautes de réalisation, parfois aussi, *ils en amènent*.

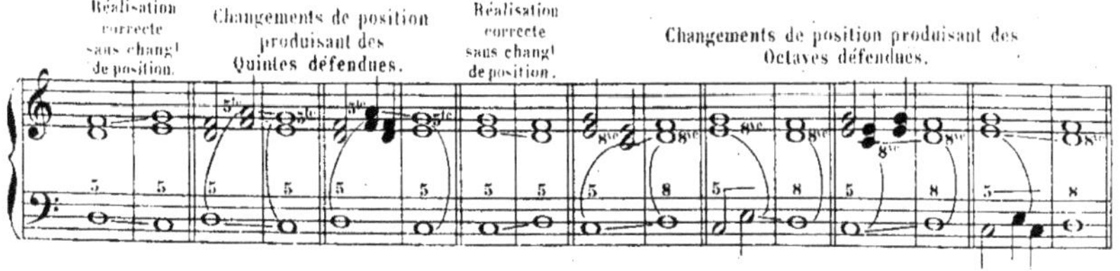

QUINTES ET OCTAVES PERMISES
la 1re n'occupant qu'une position intermédiaire sans importance

§ 229. — Les *positions intermédiaires* d'un *accord brisé* ont d'autant moins d'importance, au point de vue d'une réalisation correcte, qu'elles tombent sur une partie *plus faible* de la mesure ou du temps. C'est pourquoi, *deux quintes* ou *deux octaves* comme celles des exemples suivants peuvent être *tolérées*, la 1re n'occupant qu'une position intermédiaire sans importance.

EXCEPTION A LA RÈGLE DU § 190.

§ 230. — Il n'y a aucun inconvénient à *tenir*, ou *même à répéter*, à la 1re partie une *note* qui devient après coup, *basse doublée* d'un *accord de sixte*.

à moins que cette note ne soit la sensible;

ou que l'accord de sixte n'ait une *grande valeur relative*, soit comme *durée* soit comme *accentuation*.

§ 231. — On peut aussi *attaquer* à la 1re partie la *basse doublée* d'un *accord de sixte*, pendant la *tenue* de cette même note à la *basse*.

EXERCICES

Réaliser à *quatre parties* les accords suivants, en y pratiquant des *changements de position*. S'arranger de manière à ce que *tous les accords* soient constamment *complets*, sauf dans les cas prévus par le **§ 210**. Faire chaque exercice, autant que possible, de *deux* ou *trois* façons différentes.

CHAPITRE V

DU RYTHME

CONSIDÉRATIONS GÉNÉRALES

Il serait difficile d'établir des règles *bien positives* au sujet du *rythme*. On ne peut donner sur cette matière que des *notions générales* n'impliquant *rien d'absolu*.

Jusqu'ici, les leçons qu'on a dû faire ne renfermaient que des *rythmes* extrèmement *simples* : le *mouvement mélodique* n'y était nécessaire, dans chaque partie, qu'aux changements d'accords seulement. Ces leçons n'étaient, en effet, qu'une sorte de contrepoint *note-contre-note, valeur pour valeur*; elles n'offraient au point de vue du rythme, aucune difficulté sérieuse.

Mais, dans les leçons qui seront données désormais, certains passages pourront *motiver*, ou même *nécessiter* plus de mouvement dans les parties; les rythmes en seront, parfois, plus compliqués. Il est donc essentiel d'avoir un aperçu des raisons qui peuvent nous déterminer à mettre du mouvement plutôt dans une leçon que dans une autre, plutôt dans tel passage de la leçon que dans tel autre passage.

Il est indispensable aussi de connaître les *formes rythmiques* qu'on doit généralement éviter, comme étant *vulgaires* ou *gauches, boiteuses* ou *heurtées*.

RÈGLES

§ 232. — Le *rythme* doit être, autant que possible, *naturel, facile, élégant;* il doit être *en harmonie* avec le caractère général du morceau:

Si, au milieu d'une phrase mouvementée, on *arrête subitement tout mouvement*, cela peut paraître *froid;* si, au contraire, dans une phrase d'un caractère *grave, simple, tranquille*, on introduit tout-à-coup un *rythme sautillant*, l'effet en sera *grotesque* ou, tout au moins, *étrange*.

§ 233. — Le *1er temps* de chaque mesure doit être *marqué*, soit à la basse, soit à la partie supérieure, soit dans plusieurs parties.

§ 234. — Si l'on marque un temps *faible*, le temps *fort* suivant doit aussi être marqué.

Mais *l'accentuation* du temps fort *n'oblige pas* à *articuler* le temps faible qui le suit.

§ 235. — Si, dans une mesure à *trois temps*, le 2ᵐᵉ temps est *marqué*, il faut, généralement. marquer aussi le 3ᵐᵉ, à moins d'un parti-pris bien accusé.

Mais, l'articulation du 1ᵉʳ et du 3ᵐᵉ temps n'entraîne pas celle du 2ᵐᵉ, celui-ci étant *le plus faible des trois.*

§ 236. — Dans un mouvement *lent*, on marque la plupart des temps, et souvent même, chaque *moitié* ou chaque *tiers* de temps, dans une partie ou dans l'autre.

§ 237. — Dans un mouvement *vif*, cette articulation de chaque temps est moins nécessaire; et, à plus forte raison, celle des parties faibles des temps.

§ 238. — Lorsque, dans la *partie donnée*, il se trouve une *note pointée* d'une valeur excédant un temps, il est bon qu'une autre partie *marque* le temps sur lequel se prolonge cette note pointée; à moins que le mouvement ne soit vif.

§ 239. — Dans les *rythmes* en *valeurs inégales*, il est *naturel* de faire les *notes longues* plutôt au commencement de la mesure ou du temps, et les *notes brèves* à la fin.

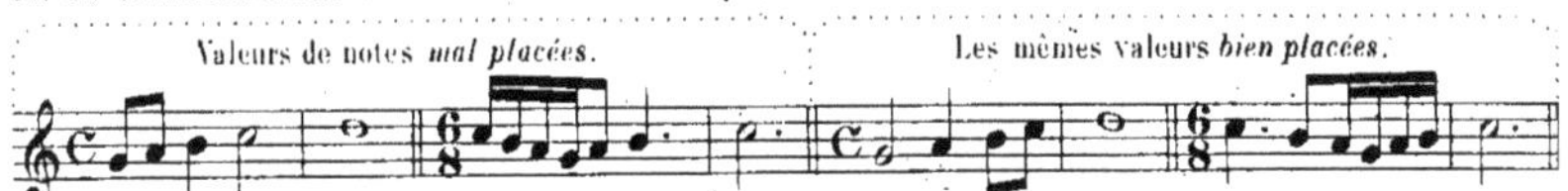

On peut, cependant, de parti-pris, faire le contraire, exceptionnellement.

§ 240. — Des valeurs *très brèves* succédant à des valeurs *très longues* sont d'un *mauvais effet*, surtout si elles sont faites *dans plusieurs parties à la fois*.

Mais, ce *défaut d'équilibre* peut disparaître, si l'on donne du *mouvement* à une partie, pendant la *tenue* des autres, celles-ci répondant à celle-là.

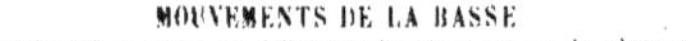

84

§ 241.— Il est bon, d'ailleurs, de distribuer le mouvement entre les diverses parties, chacune l'ayant à son tour: Cela constitue le *genre dialogué ou concertant*, le plus intéressant de tous.

C'est donc, principalement, alors que la partie donnée n'a que *peu* ou *point* de mouvement, qu'il convient d'en mettre à une ou à plusieurs des autres parties.

§ 242.— En principe, on ne doit faire aucune *syncope boiteuse*.

(C'est ainsi qu'on désigne toute syncope dont la 1ʳᵉ partie est *plus courte que la 2ᵈᵉ*)

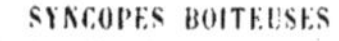

(Ces *syncopes* sont d'autant plus *mauvaises* que les *valeurs* employées sont plus *brèves* et le *mouvement* plus *vif*.)

Mais, quand la 1ʳᵉ partie d'une syncope est d'une *longue durée*, soit à cause de sa valeur relative, soit à cause de la lenteur du mouvement, cette syncope peut être *admise*, malgré la durée plus longue encore de sa 2ᵈᵉ partie, parce que, en pareil cas, la *longueur de la tenue*, laissant oublier *l'attaque* de la note, atténue le *défaut d'aplomb* qu'aurait eu cette syncope si on l'eût faite en valeurs brèves ou dans un mouvement vif.

§ 243.— Certaines *syncopes boiteuses* sont même admissibles dans un mouvement vif, lorsqu'il y a *parti-pris*.

Le *rythme ternaire* est celui qui se prête le mieux à ces sortes de syncopes. -

§ **244.** — Articuler *deux fois de suite,* du temps faible au temps fort, une *même note* dont la *2de valeur* est *plus longue que la 1re* (sorte de syncope boiteuse sans liaison) est souvent un *manque d'élégance.*

§ **245.** — Cependant, lorsque la *note brève* du temps faible a le caractère du *port de voix* ou de *l'anticipation directe,* cette *forme rythmique* n'est pas dépourvue de grâce et de distinction.

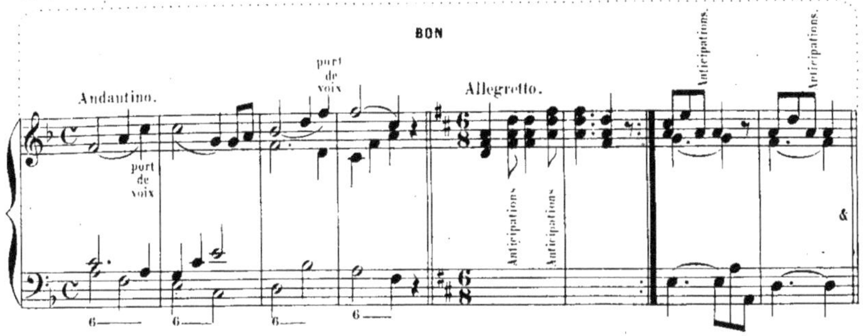

EXERCICE

Réaliser les leçons suivantes à 4 parties, en y pratiquant, à propos, des *changements de position* dans une ou plusieurs des parties supérieures, suivant les principes qui ont été exposés dans les deux chapitres précédents (S'exercer à *marquer tous les temps* dans ces leçons)

CHAPITRE VI

Des PHRASES, des MEMBRES de PHRASE et des CADENCES

§ 246. — Une *phrase musicale* est une suite mélodique ou harmonique qui forme un sens plus ou moins achevé, et qui se termine sur un repos par *une cadence* plus ou moins parfaite.

Une phrase peut contenir plusieurs *membres de phrase*.

§ 247. — Les *phrases carrées* sont celles dont le nombre de *mesures* est divisible par *quatre*, comme dans l'exemple suivant; ce sont les plus usitées.

EXEMPLE X

Phrase de seize mesures ayant quatre membres de phrase.

Quatre mesures ajoutées en forme de *Coda.*

Cadence à la dominante. Cadence rompue. Cadence imparfaite. Cadence parfaite. Cadence plagale.

1er membre de phrase 2me membre de phrase 3me membre de phrase 4me membre de phrase 5me membre de phrase ou *Coda.*

§ 248. — La *terminaison* d'une phrase ou d'un membre de phrase est *féminine* lorsqu'elle a lieu sur un *temps faible*; [*] (voir la 4me et la 12me mesure de l'exemple ci-dessus). Elle est *masculine* lorsqu'elle a lieu sur le 1er temps de la mesure. [**] (Voir la terminaison des 2me, 4me et 5me membres de phrase du même exemple).

CADENCES

§ 249. — On nomme *cadence*, la terminaison d'une phrase ou d'un membre de phrase.

C'est la cadence qui établit une *démarcation* entre deux phrases ou deux membres de phrase.

On compte *six espèces de cadences*, savoir:

1° la cadence *parfaite*; — 2° la cadence *imparfaite*; — 3° la cadence *rompue*; — 4° la cadence *à la dominante*; — 5° la cadence *plagale*; — 6° la cadence *évitée* (Cette dernière sera traitée plus tard).

§ 250. — Ce sont les *mouvements* de la *basse* qui déterminent, d'une manière précise, *les différentes cadences*. La mélodie serait souvent insuffisante pour cela. En effet, dans les exemples que nous donnons ci-après des trois cadences *parfaite; imparfaite* et *rompue*, la partie supérieure est la même et les cadences sont différentes.

§ 251. — *Toutes les cadences* peuvent servir pour un *repos momentané* ou pour établir une *démarcation* entre deux phrases ou deux membres de phrase.

La cadence *parfaite* et la cadence *plagale* peuvent, *seules*, servir de *conclusion* à un morceau de musique.

DE LA CADENCE PARFAITE

§ 252. — La *cadence parfaite* est celle où la *basse* procède de la *dominante à la tonique*, l'une et l'autre de ces notes portant l'accord *parfait*.

CADENCES PARFAITES

Do majeur | *La mineur*

Domin. Tonique. Domin. Tonique.

---

[*] Elle peut avoir lieu aussi sur le 1er temps de la dernière mesure, lorsque l'accentuation *principale* a porté sur le temps correspondant de la mesure précédente. (Voir

[**] Mais, avec certains *rythmes serrés*, une *terminaison masculine* peut avoir lieu sur un temps autre que le 1er: par exemple, sur le 3me (relativement *fort*) d'une mesure à 4 temps. (Voir les exemples

A.L.6501.

DE LA CADENCE IMPARFAITE

§ 253.— La *cadence imparfaite* est celle qui a lieu lorsque *l'accord parfait* de la *dominante* est suivi de l'accord de *sixte* de la *médiante*.

REMARQUE. — Au fond, *cette cadence* se compose des *mêmes accords* que la *cadence parfaite*, puisque l'accord de sixte de la médiante n'est autre que l'accord parfait de la tonique dans son 1ᵉʳ renversement. Mais, l'état renversé de cet accord affaiblit beaucoup l'effet de la cadence, c'est pourquoi elle est *imparfaite* et ne peut servir de conclusion à un morceau.

DE LA CADENCE ROMPUE

§ 254.— La *cadence rompue* est celle où la *basse* procède de la *dominante* à la *sus-dominante*, l'une et l'autre de ces notes portant un *accord parfait*.

OBSERVATION. — Dans cette cadence, en substituant l'accord du 6ᵐᵉ degré à celui de la tonique qui semblait appelé par la dominante, on *brise* le sens musical d'une manière inattendue: de là, son nom de *cadence rompue*.

DE LA CADENCE A LA DOMINANTE OU DEMI-CADENCE

§ 255.— La *cadence à la dominante* est celle qui se termine sur la *dominante* portant *l'accord parfait*, quel que soit l'accord qui ait précédé. (Voir l'exemple X, 4ᵐᵉ mesure)

DE LA CADENCE PLAGALE

§ 256.— La *cadence plagale* est celle où la *basse* procède de la *sous-dominante* à la *tonique*, l'une et l'autre de ces notes portant un *accord parfait*.

OBSERVATION. — La *cadence plagale* se fait souvent à la suite de la *cadence parfaite*, et comme pour confirmer la fin du morceau déjà déterminée par cette dernière. Dans ce cas, la *cadence plagale* est une sorte de *coda* ajoutée au morceau. (Voir la fin de l'exemple X.)

DES FORMULES DE CADENCES

§ **257.**— On appelle *formules de cadences*, certains groupes d'accords, consacrés par l'usage, qui précèdent ordinairement les cadences proprement dites.

La *même formule* peut conduire à *des cadences diverses*.

La *même cadence* peut être précédée de *diverses formules*.

DE LA CADENCE SUSPENDUE

§ **258.**— Lorsqu'on retarde la conclusion d'une phrase, en *répétant plusieurs fois de suite* une formule de cadence quelconque, il y a *cadence suspendue*.

RÉALISATION DE L'HARMONIE DANS LES CADENCES

§ **259.**— La *cadence parfaite* est toujours mieux caractérisée lorsque la **1re** *partie termine*, comme la basse, *sur la tonique*. (Voir ceux des exemples précédents qui contiennent cette cadence).

Toute autre disposition de la partie supérieure affaiblit plus ou moins la cadence et la rend, parfois, *presque imparfaite*.

§ 260. — On doit donc, dans la cadence parfaite *qui sert de conclusion à un morceau*, placer la tonique à la 1re partie, comme à la basse. Dans ce cas, on tolère, *entre les parties extrêmes*, non seulement l'octave directe amenée par le demi-ton ascendant à la partie supérieure, mais encore celle qui résulte du mouvement descendant de seconde majeure.

On retranche alors la *quinte de l'accord de tonique*; et l'on en triple la basse, quand on a quatre parties.

§ 261. — Dans la réalisation des cadences *parfaite, imparfaite* et *rompue*, il est généralement nécessaire de faire monter à la tonique la *note sensible*, tierce de la dominante. (Voir tous les exemples qui précèdent.)

§ 262. — Cependant, il arrive parfois que, pour donner un sens *inachevé* à la mélodie, la note sensible *monte* d'une *quarte*, dans la cadence *parfaite* (*) et d'une *sixte*, dans la cadence *imparfaite*.

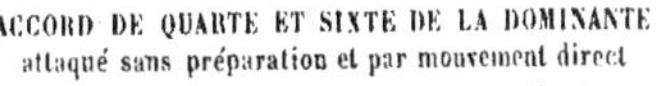

§ 263. — Dans les *formules de cadences*, on peut faire *sans préparation* l'accord de *quarte et sixte* de la *dominante*. Dans ce cas, il doit être placé *sur un temps relativement fort*. (Néanmoins, dans les mesures à trois temps, on l'emploie quelquefois au deuxième temps). Cet accord ainsi employé appelle toujours une *cadence immédiate*.

§ 264. — On peut aboutir par le *mouvement direct descendant* à l'accord de *quarte et sixte* de la *dominante*, à la condition de procéder par *degrés conjoints* aux parties supérieures.

§ 265. — On peut, également, arriver par le mouvement direct, soit ascendant, soit descendant, sur l'*accord de sixte du 4me degré* précédant la dominante dans les formules de cadences ; à la condition de procéder par *degrés conjoints à la 1re partie*.

§ 266. — On sait déjà qu'il est permis de *doubler à la partie supérieure* la basse de cet accord de sixte, le *4me degré* étant de 1er ordre. C'est particulièrement dans les *formules de cadences* que cette règle reçoit son application; encore faut-il que cette note doublée puisse descendre de seconde, tierce, quarte ou quinte pour former avec la basse un mouvement contraire.

(*) Cette cadence devient comme *imparfaite*. (§ 259)

§ 267. — On tolère la quinte directe sur la dominante amenée par le mouvement descendant de tierce mineure à la partie supérieure, la basse descendant de quinte, du 2me degré au 5me; ou bien encore, mais plus rarement, lorsqu'à la basse le 6me degré mineur aboutit à la dominante.

§ 268. — Dans l'accord qui termine les cadences *parfaite, imparfaite* et *rompue,* on tolère *l'unisson* de la *tonique* entre deux parties contigües quelconques.

On ne doit faire cet *unisson* entre deux des *parties supérieures* qu'à la condition d'y arriver par *mouvement contraire* et *degrés conjoints* aux deux parties.

§ 269. — De ces trois cadences, la cadence parfaite *seule,* peut amener *l'unisson de la tonique* entre *la basse montant de quarte* et la partie qui lui est immédiatement supérieure. Celle-ci ne doit arriver sur l'unisson que par *degrés conjoints,* et, autant que possible, par *mouvement contraire.*

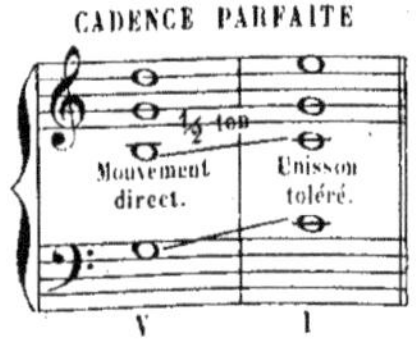

§ 270. — Néanmoins, on tolère cet unisson par le *mouvement direct;* la partie placée au dessus de la basse montant *d'un ½ ton.*

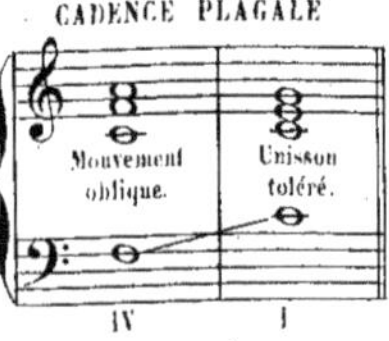

§ 271. — *L'unisson de la tonique* est également *toléré* dans la *cadence plagale* entre les deux *parties inférieures,* mais seulement par le *mouvement oblique.*

§ 272. — Dans les formules de cadences, on peut faire l'*unisson* de la dominante entre les *deux parties inférieures* pourvu que cet unisson soit amené par le mouvement *oblique* ou le mouvement *contraire* et *conjoint*.

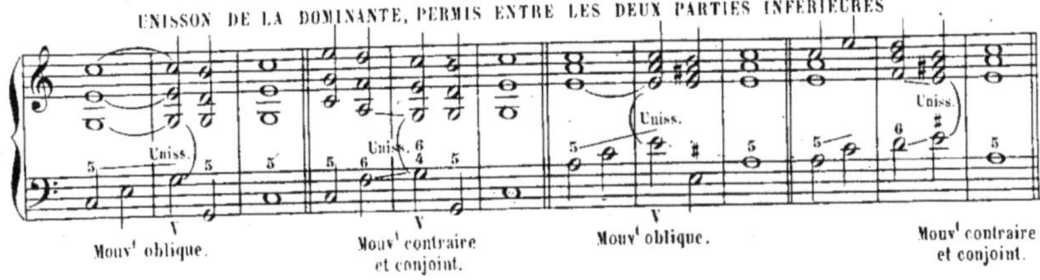

EXERCICE

Terminer les formules ci-après commencées, en y *ajoutant les accords* qui constituent les *cadences désignées.* Ce travail examiné, *réaliser* le tout à quatre parties.

Nº 52.

DES FORMES VARIÉES DE CERTAINES CADENCES

§ 273. — Nous n'avons présenté, jusqu'ici, chaque espèce de cadence, que sous sa forme la plus usuelle, la plus *caractéristique*, en d'autres termes, nous avons donné seulement les *cadences-types*. Mais la plupart d'entre elles peuvent revêtir d'autres formes.

DES CADENCES PARFAITE ET IMPARFAITE

§ 274. — Seule, la *cadence parfaite* ne saurait être modifiée sans perdre de sa force, de son caractère concluant, ce qui la rendrait plus ou moins *imparfaite* :

En effet, si l'on *renverse* l'accord de la *dominante*, la cadence se trouve affaiblie, et, dès lors, n'est *plus parfaite*.

Si c'est l'accord de la tonique que l'on renversé, la cadence devient plus *imparfaite* encore.

§ 275. — En conséquence, on doit considérer les cadences suivantes comme *plus* ou *moins imparfaites*, et impropres à déterminer une conclusion définitive.

§ 276. — Voici d'autres *cadences imparfaites* dans lesquelles l'accord parfait de la dominante est remplacé par l'accord de *quinte diminuée* du 7me *degré* fondamental ou renversé.

DE LA CADENCE ROMPUE

§ 277.— On peut produire une *cadence rompue* en substituant à l'accord parfait de la sus-dominante celui du 4ᵐᵉ degré ou celui du 2ᵐᵉ, à l'état fondamental ou de 1ᵉʳ renversement.

L'âpreté de cette cadence limite son emploi à quelques cas très-rares.

(Même Exemple en mineur)

§ 278.— Le *mode majeur* peut emprunter au mo-de *mineur* sa cadence rompue.

Le contraire, étant fort dur ne peut avoir lieu.

DE LA CADENCE A LA DOMINANTE ET DES DEMI-CADENCES

§ 279.— Dans les *terminaisons féminines,* le repos sur l'accord parfait de la dominante est très souvent précédé de l'accord de quarte et sixte du même degré.

En pareil cas, il est naturel que *la quarte descende sur la tierce, et la sixte sur la quinte.*

§ 280.— Il est rare que la demi-cadence ait lieu sur un *renversement* de l'accord de domi-nante; cependant, un repos sur le *1ᵉʳ renversement* est très praticable.

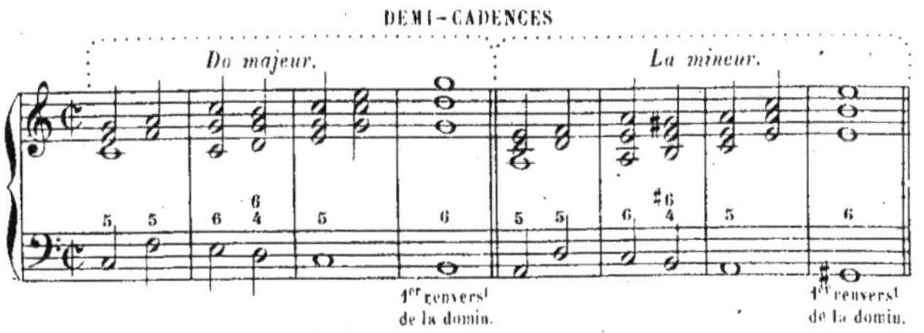

(*) Cette position atténue beaucoup la dureté de cette succession; si la note sensible était placée à la 1ʳᵉ partie, elle en ferait, au contraire, ressortir la rudesse.

REPOS SUR LE 4ᵐᵉ DEGRÉ PRODUISANT UNE DEMI-CADENCE

§ **281.**—Un repos peut avoir lieu sur *l'accord parfait du 4ᵐᵉ degré* précédé de celui de la tonique.

C'est une sorte de *demi-cadence*, d'un très bon effet, et pourtant *peu usitée*.

DE LA CADENCE PLAGALE

§ **282.** — La *cadence plagale* peut se faire au moyen des *renversements* de l'accord du 4ᵐᵉ degré précédant l'accord de tonique.

(Même Exemple en mineur)

§ **283.**—Dans cette cadence, le *4ᵐᵉ degré* peut, quelquefois, porter l'accord de *sixte* au lieu de l'accord parfait.

Le *6ᵐᵉ degré* peut porter *l'accord parfait* au lieu de l'accord de sixte.

§ **284.**— Enfin, les accords parfaits du 4ᵐᵉ et du 6ᵐᵉ degré peuvent être *empruntés au mode mineur*, par le mode majeur.

§ **285.** — On termine parfois en *majeur* une *cadence plagale* commencée en *mineur;* le contraire, étant fort dur, ne peut avoir lieu.

CADENCE PARFAITE COMMENCÉE EN MINEUR ET ACHEVÉE EN MAJEUR

§ **286.** — La terminaison d'une *cadence parfaite* commencée en *mineur* se fait quelquefois sur l'accord majeur.(*)

EXERCICE

Déterminer la *nature* de chacune des *cadences* qui sont contenues dans les leçons suivantes; puis, réaliser ces leçons à *trois* ou à *quatre* parties, selon les indications placées en tête de chacune d'elles.

(Chaque *membre de phrase* y est désigné au moyen d'une *liaison* et se *termine* par une *cadence* plus ou moins marquée.)

(*) Dans cette *terminaison*, comme dans la plupart de celles qui ont lieu au moyen de *cadences plagales*, on *finit* souvent, pour obtenir plus d'effet, par la *tierce* de l'accord de tonique à la partie supérieure, plutôt que par sa fondamentale doublée. (Voir, outre les exemples ci-dessus §§ **283, 285** et **286,** la fin de l'exemple *X* page **86.**)

CHAPITRE VII

DES MARCHES D'HARMONIE
ou
PROGRESSIONS HARMONIQUES

§ **287.**— On appelle *marche d'harmonie,* une *suite uniforme d'accords* établie sur une *basse* montant ou descendant *symétriquement* et *progressivement.*

§ **288.**— Une marche peut être produite par la *répétition d'un même accord* placé sur *divers degrés* se succédant *d'une manière uniforme.*

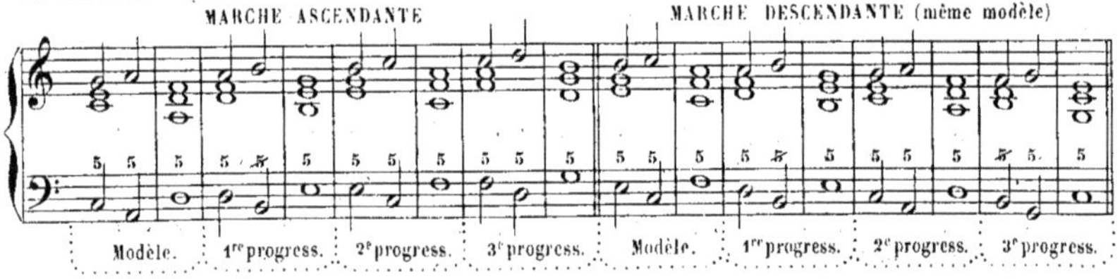

§ **289.**— Elle peut-être, aussi, le résultat des *reproductions symétriques* d'un *groupe d'accords* qui prend alors le nom de *modèle.* Les *reproductions du modèle* sont nommées *progressions.* On peut, généralement, construire une marche *ascendante* et une marche *descendante* avec le *même modèle.*

DES MARCHES UNITONIQUES OU NON-MODULANTES

§ **290.**— Les marches d'harmonie entièrement composées d'accords appartenant à une *même tonalité* sont appelées marches *unitoniques* ou *non-modulantes.*

Dans ces marches, *l'uniformité* des progressions fait perdre, pour un moment, aux divers degrés de la gamme leur *caractère particulier.*

C'est là ce qui permet, entre autres choses, l'emploi de l'accord de *sixte* sur le 1er et le 5me degré, le *redoublement* de la *basse* dans l'accord de *quinte diminuée* de *note sensible* et sa *non-résolution* sur la tonique de même que la *résolution ascendante* de la *quinte diminuée.* (Voir la 1re progression des deux marches précédentes et la 3me progression de la seconde de ces marches.) Cela permet encore de supprimer la quinte des 3me et 7me degrés aussi bien que des autres dans la réalisation de ces marches à *trois parties.*

§ **291.**— Mais le *dernier accord* de la marche reprend possession de son rôle; il retombe alors sous l'empire des règles qui lui sont spéciales.

RÉALISATION DES MARCHES D'HARMONIE

§ 292.— La *symétrie* qui caractérise la *basse* d'une *marche d'harmonie* doit exister, éga - lement, dans chacune *des parties supérieures*. Pour obtenir *cette symétrie*, il faut que la *réalisation du modèle* soit telle qu'on puisse la *reproduire*, exactement, dans *chaque progression*, sans enfreindre les lois qui régissent l'enchaînement des accords, tant au point de vue *mélodique* qu'au point de vue *harmonique*,

§ 293.— Néanmoins, l'obligation de conserver *la plus parfaite symétrie* dans toutes les parties pendant la durée *d'une marche*, autorise l'emploi exceptionnel de *certains intervalles mélodiques*.

DES PROGRESSIONS IRRÉGULIÈRES

§ 294.— On rencontre parfois *telle marche d'harmonie* dont une progression a lieu à un degré *trop haut* ou *trop bas* pour qu'il y ait *parfaite symétrie*. Dans ce cas, la *marche* est *irrégulière*, et toutes les parties doivent, nécessairement, contenir *la même irrégularité*

Cependant, on doit, autant que possible, disposer les accords de la progression *amenée irrégulièrement* comme ceux du *modèle* et des *progressions régulières*; cela rend *moins sensible* l'irrégularité de cette progression.

BIBLIOTHÈQUE IMPRIMÉS

A.L.6501.

MÉTHODE A SUIVRE POUR RÉALISER LES MARCHES

§ 295. — On écrira d'abord les accords composant le *modèle*, *plus* le 1er accord de la 1ère progression. Celui-ci devra être disposé *exactement* comme le 1er accord du *modèle*.

On aura soin de ne pas commencer *trop haut* une marche ascendante ni *trop bas* une marche descendante, afin de rester dans les *limites* tracées pour *l'étendue* des différentes parties.

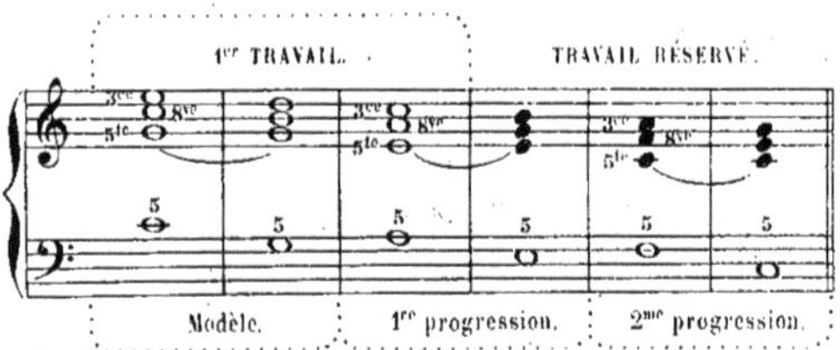

Cela fait, on s'assurera bien qu'aucune faute ne s'est glissée dans l'enchaînement de ces premiers accords et que la marche ne renferme pas d'irrégularités; après quoi, l'on pourra, en toute sécurité, *continuer le dessin* de chaque partie dans toutes les progressions.

§ 296. — Il faut se défier, pourtant, *de l'octave directe*, entre les parties extrêmes ; laquelle pourrait arriver dans le modèle par le *demi-ton ascendant* (ce qui est permis) et entraîner à d'autres *octaves directes* amenées par le mouvement ascendant *de seconde majeure* (ce qu'il faut éviter).

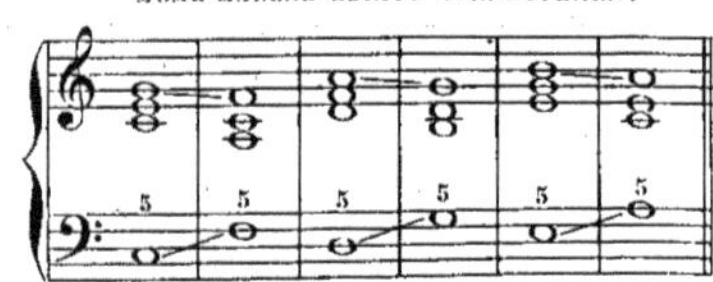

Dans un cas analogue à celui de l'exemple précédent, il faut *modifier la disposition* d'un ou de plusieurs des accords du modèle, de manière à ce qu'elle puisse être *reproduite* dans chaque progression, sans qu'il en résulte aucune faute.

§ 297. — Si l'enchaînement du *dernier accord* du modèle avec le *premier accord* de la 1ère progression était fautif, c'est que la *réalisation du modèle* se prêterait *mal* à la symétrie de la marche: il faudrait modifier ou changer la disposition *d'un* ou de *plusieurs* des accords du *modèle*.

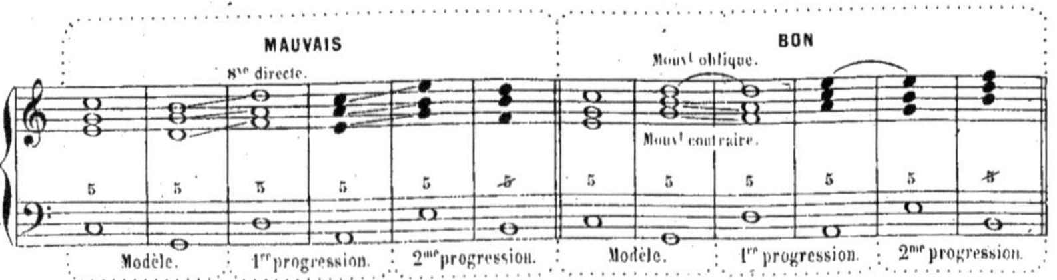

EXERCICE SUR LES MARCHES UNITONIQUES

Réaliser d'abord les accords composant le *modèle* de chacune des marches suivantes; enchaîner le *dernier accord du modèle* avec le *premier accord de la première progression*.

Ce travail étant examiné et corrigé, achever toutes les marches commencées, en s'assurant bien qu'elles ne contiennent pas d'irrégularité.

(Toutes les marches qui ne se composent que d'accords fondamentaux doivent être écrites à 3 et à 4 parties.)

CHAPITRE VIII

DU CHOIX DES ACCORDS

CONSIDÉRATIONS GÉNÉRALES

§ 298.— En raison du rôle qu'il remplit dans la tonalité, chaque degré d'une gamme a son *caractère propre*.

Selon l'harmonie dont on l'accompagne, le caractère d'un degré se trouve *renforcé* ou *affaibli*.

C'est pourquoi le 1er et le 5me degré, *points de repos par excellence*, exigent le plus souvent *l'accord parfait*, accord de repos.

Si, au contraire, l'*accord de sixte* était placé sur ces degrés, il en affaiblirait le sens et s'opposerait à *tout repos*.

§ 299.— Mais le degré qu'occupe dans la gamme la note que l'on veut harmoniser ne doit pas être la seule cause déterminante pour le choix de l'accord à lui appliquer:

Les mouvements de la basse ont à cet égard une influence considérable.

§ 300.— C'est ainsi, qu'une *basse* procédant par *degrés disjoints* peut porter un *accord fondamental* sur chacune de ses notes, *même sur les mauvais degrés*; et qu'au contraire, une *basse* procédant par *degrés conjoints* est susceptible de ne porter que *des accords de sixte*.

§ 301.— D'autres considérations peuvent encore influer sur le choix d'un accord: par exemple, le *point* de la phrase musicale où se trouve la *note* qu'il s'agit d'harmoniser, ainsi que la *nature* et la *situation* de l'accord qui précède et de celui qui devra suivre *cette note*.

En comparant les deux exemples suivants, on reconnaîtra que l'accord A est *bon* dans X et *mauvais* dans Y.

Cela tient à ce que cet accord, d'une *grande faiblesse tonale*, n'est pas propre à faire *acte de cadence;* et qu'il est, conséquemment, mieux placé au *milieu* de la phrase qu'à la fin.

On reconnaîtra aussi que l'accord *B* (*quarte et sixte* du 5me degré *sans préparation*) est mieux placé à la fin du 1er exemple *où il amène la cadence à propos,* qu'au commencement du 2d exemple où il arrive *gauchement* sur *un temps faible,* ayant l'air d'appeler une cadence qui serait prématurée.

DE L'EMPLOI PLUS OU MOINS FRÉQUENT
des Accords de trois sons fondamentaux et renversés

§ 302. — Les accords dont le retour fréquent accuse le mieux la tonalité sont ceux qui ont pour *fondamentales le 1er* et le *5me* degré.

Ces accords sont *indispensables* à la contexture harmonique d'un morceau de musique quelconque; il est peu de phrases musicales qui ne les contiennent tous les deux: il en est beaucoup qui n'en admettent pas d'autres.

Ce sont donc (et ce doivent être) *les plus usités.*

L'accord dont on fait, après ceux-là, le plus d'usage, est celui qui a pour *fondamentale* le *4me degré.*

A eux trois, ces accords de 1er ordre, établis sur les *notes tonales,* renferment *toutes les notes de la gamme:* avec leurs *renversements,* ils fournissent, dans chaque mode, une harmonie très-satisfaisante pour en accompagner *tous les degrés.*

MODE MAJEUR

GAMME ASCENDANTE ET GAMME DESCENDANTE
accompagnées au moyen seulement des accords de premier ordre.

MODE MINEUR

GAMME ASCENDANTE ET GAMME DESCENDANTE
accompagnées au moyen seulement des accords de premier ordre.

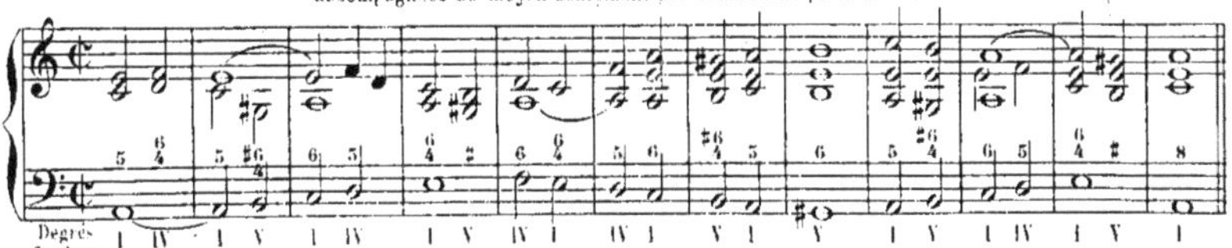

§ 303. — Les accords du *2me* et du *6me* degré (de *2me* ordre) sont employés assez fréquemment:

1º L'accord du *2me* degré à l'état *fondamental* et surtout à l'état de *1er renversement.*

2º L'accord du *6me* degré, à l'état *fondamental.*

L'*introduction* de ces *deux accords* dans l'harmonie vient *rompre la monotonie* qu'engendrerait l'usage exclusif des accords de 1er ordre.

§ **304.** — L'accord du *3me* degré du *mode majeur* (de 3me ordre) *peu usité* à l'état *fonda-mental*, l'est *bien moins encore* à l'état *renversé*.

EMPLOI RATIONNEL DE L'ACCORD DU 3me DEGRÉ FONDAMENTAL ET RENVERSÉ

§ **305.** — *REMARQUE.* Dans l'accord du 3me degré ainsi employé, il y a toujours une note (la *fondamentale* ou sa *quinte*) qui se présente avec tous les caractères de la *note de passage* ou de l'appoggiature (§§ 507 et 532). Cette note est donc essentiellement *mélodique* et pourrait être supprimée sans que l'harmonie en souffrît.

§ **306.** — L'accord de *quinte diminuée* du 7me degré des deux modes (de 3me ordre) ne s'emploie guère, à l'état *fondamental* ou à celui de *2^d renversement*, qu'à trois parties et *assez rarement*; mais, à l'état de *1er renversement* on en fait *un plus grand usage*, une *4me* partie s'obtient alors plus facilement.

EMPLOI DE L'ACCORD DU 7me DEGRÉ FONDAMENTAL ET RENVERSÉ

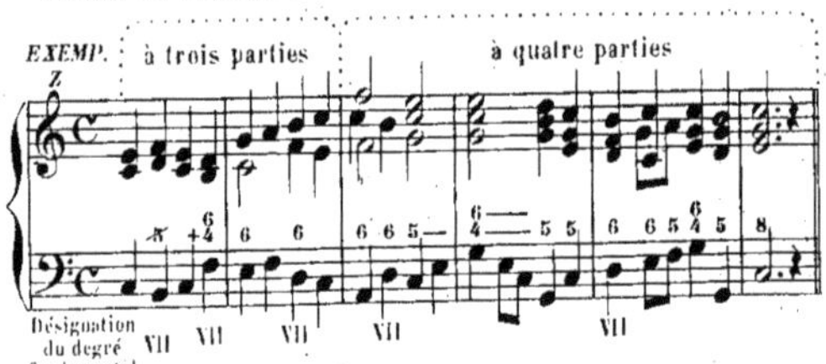

DES NOTES DE BASSE PORTANT PLUSIEURS ACCORDS

§ **307.** — Plusieurs accords peuvent se succéder sur *une même note*, quel que soit le *rang* qu'elle occupe dans la gamme, lorsque la *durée* de cette note est *suffisante* et que le *rythme* du morceau le permet ou le réclame.

EXEMPLE DE PLUSIEURS ACCORDS
se succédant sur *chacun des degrés* du ton de *do majeur.*

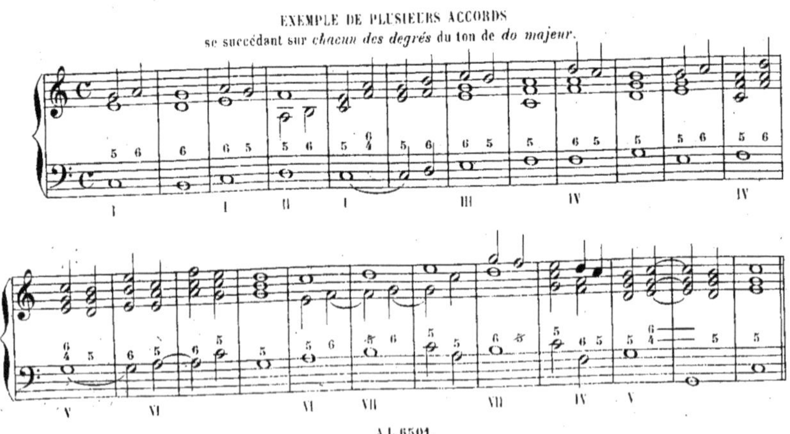

HARMONIE SERRÉE, HARMONIE LARGE

§ 308.—On entend par *harmonie serrée*, celle qui résulte du *changement fréquent des accords*; et par *harmonie large*, celle dont la plupart des *accords* ont *une durée* relativement *longue*.

§ 309.—Certaines phrases se prêtent également à une *harmonie serrée* et à une *harmonie large*.

En pareil cas, on doit adopter *celle des deux manières d'harmoniser* qui est le plus en rapport avec le *caractère* de la leçon ou du morceau.

§ 310.—Les principes qui seront exposés ci-après sont applicables, à la fois, à l'*harmonie serrée* et à l'*harmonie large*.

Toutefois, cette *dernière* comportant plus ou moins de *changements de position*, soit à la basse, soit aux parties supérieures, pendant la durée de chaque accord ou de la plupart d'entre eux, on doit envisager principalement *dans son ensemble* chacun des accords brisés, et ne tenir compte, *au point de vue de l'enchaînement* que de la *première* et de la *dernière position*; les *positions intermédiaires* étant *sans importance* à cet égard.

HARMONIE SYNCOPÉE

§ **311.** — Sauf de rares exceptions, qui doivent être *motivées*, on ne doit point *syncoper l'harmonie*.

En d'autres termes, il ne faut pas qu'*un accord* commencé au *temps faible* soit continué sur le *temps fort* suivant, lors même, qu'au lieu d'en tenir les notes, on les attaquerait de nouveau, soit que l'on conserve la même position de l'accord, soit que l'on en change.

La faiblesse d'une *harmonie syncopée* n'est même pas suffisamment corrigée par le *changement de position de la basse*, bien qu'il en résulte un *changement d'état de l'accord*.

Mais, s'il y a, à la fois, changement de position *à la basse et à la partie supérieure*, on peut admettre à la rigueur, une *harmonie syncopée*.

§ **312.** — Un accord commencé sur le *1er temps* d'une mesure peut se continuer dans la mesure suivante et même pendant plusieurs mesures; cela ne constitue pas une harmonie syncopée mais seulement une *harmonie large*.

Ce cas ne se présente guère au milieu d'accords serrés que dans les *formules de cadences*, et principalement dans la *cadence finale*, où l'élargissement de l'harmonie est souvent d'un bon effet. On peut quelquefois, en pareille circonstance, admettre même une *harmonie syncopée*.

CAS EXCEPTIONNELS

§ **313.** — Pour obtenir une *terminaison féminine*, on *retarde* parfois la *conclusion* d'une cadence, en répétant, dans la *dernière mesure* de la phrase, *l'avant dernier accord* de la formule.

§ **314.** — Au contraire, dans une *terminaison masculine*, on peut *anticiper* sur le *dernier accord*, en le faisant entendre par avance dans *l'avant-dernière mesure* de la phrase.

L'un et l'autre cas produisent une *harmonie syncopée permise*.

ENCHAÎNEMENTS OU SUCCESSIONS D'ACCORDS

PRINCIPES GÉNÉRAUX

§ **315.** — Les successions d'accords sont *d'autant meilleures* qu'elles contiennent *plus d'accords de 1er ordre* et *moins d'accords de 3me ordre*.

Les accords de 2me ordre sont loin de nuire au bon effet de ceux de 1er ordre auxquels ils sont associés, mais, *leur retour trop fréquent* rendrait la tonalité indécise, et pourrait même donner l'impression d'une *autre tonalité*.

§ **316.** — Les accords de *3me ordre* n'occupent, le plus souvent, que les *temps faibles* (Voir la 1re et la 5me mesure de l'exemple *Y*, et les 3 premières mesures de l'exemple *Z* page 102.)

Cette règle est sujette à *exception*. (3me mesure de l'exemple *Y* et avant-dernière de l'exemple *Z*.)

§ **317.** — Remarquer que les accords de 3me ordre, sont ordinairement, suivis d'accords de 1er ordre.

§ **318.** — Les accords qui ont *une ou deux notes communes* fournissent, en général, de *bons enchaînements*.

En effet, les *meilleures successions* d'accords sont:

1° Celles dont les *fondamentales* sont à distance de *quarte* ou de *quinte* l'une de l'autre.

2° Celles dont les *fondamentales* s'enchaînent par *tierce inférieure* ou *sixte supérieure*.

(Les *accords* formant les successions par *quarte* ou par *quinte* ont toujours *une note commune*.)

ENCHAÎNEMENT PAR *QUARTE SUPÉRIEURE* OU *QUINTE INFÉRIEURE*
DO note commune.

ENCHAÎNEMENT PAR *QUARTE INFÉRIEURE* OU *QUINTE SUPÉRIEURE*
SOL note commune.

(Les *accords* formant les successions par *tierce inférieure* ou *sixte supérieure* ont toujours *deux notes communes*.

ENCHAÎNEMENT PAR *TIERCE INFÉRIEURE* OU *SIXTE SUPÉRIEURE*
(DO, MI, *notes communes.*)

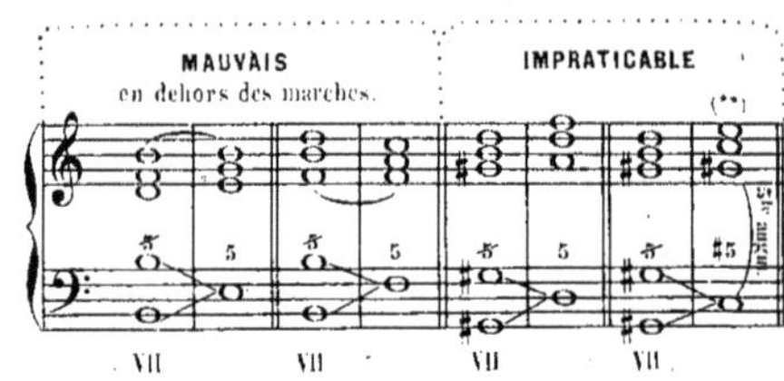

§ 319.—Les enchaînements par *quarte* ou par *quinte* sont toujours *bons* lorsqu'ils ont lieu entre *des degrés* de *1er* et de *2me* ordre.

Ceux qui ont le 7me degré (de 3me ordre) pour *point de départ*, ne sont bons, à *l'état fondamental*, que dans les *marches unitoniques* du mode majeur; en *mineur*, ils sont *impraticables*, si ce n'est en se servant de la *gamme mineure 2de forme* (§ 485)

§ 320.—Tous les enchaînements par *tierce inférieure* sont *bons*, à l'exception de ceux dont ferait partie le *3me degré* du *mode mineur* en qualité de *fondamentale* (**)

§ 321.—Bien que les *accords* formant les successions par *tierce supérieure* ou *sixte inférieure* aient toujours *deux notes communes*, ces enchaînements sont *peu usités* à *l'état fondamental*, leur effet étant généralement *faible et plat*.

Les *meilleurs* d'entre eux sont ceux qui aboutissent à un *accord majeur*.

Mais, quand le *second accord* d'un tel enchaînement est un *accord mineur* ou un accord de *quinte diminuée*, il est, ordinairement, placé au *temps faible*, comme *intermédiaire* de deux accords dont les fondamentales se succèdent par *quarte supérieure* ou *quinte inférieure*.

<hr>

(*) Certains enchaînements d'accords ne sont bons qu'à la condition d'être *précédés* ou *suivis* de certains autres accords. Nous figurons *ceux-ci* par des *points noirs*.

(**) Le *3me* degré du mode mineur *ne possédant point d'accord consonnant fondamental*, il est évident que toutes les successions d'accords qui auraient ce degré pour *point de départ* ou *point d'arrivée* sont *impossibles*.

A.L.6501.

§ **322.** — Les enchaînements par *seconde supérieure* sont généralement *bons*.

Il faut *en excepter:* 1° Celui du 2ᵐᵉ au 3ᵐᵉ degré du mode majeur, qui n'est admissible que dans les *marches unitoniques;* 2° Ceux dont feraient partie le *3ᵐᵉ degré* du mode mineur comme *fondamentale*.

ENCHAÎNEMENTS PAR SECONDE SUPÉRIEURE.

ENCHAÎNEMENTS PAR SECONDE INFÉRIEURE
DU 6ᵐᵉ AU 5ᵐᵉ DEGRÉ.

§ **323.** — Le seul enchaînement par *seconde infé- rieure* qui, sans conditions, soit toujours bon à *l'état fondamental*, est celui du *6ᵐᵉ* au *5ᵐᵉ* degré des deux modes.

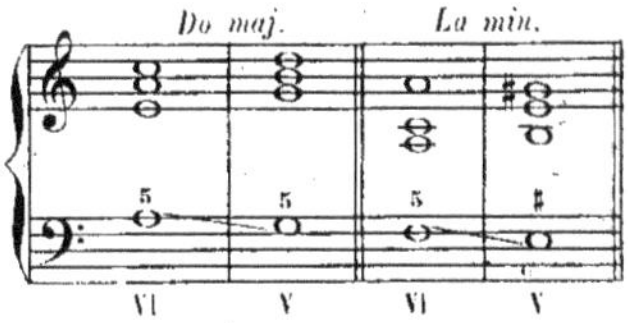

DU 5ᵐᵉ AU 4ᵐᵉ DEGRÉ.

Celui du *5ᵐᵉ* au *4ᵐᵉ* degré n'est bon que dans les conditions stipulées plus loin. (§ 346)

DU 8ᵐᵉ AU 7ᵐᵉ DEGRÉ.

Celui du *8ᵐᵉ* degré au *7ᵐᵉ* exige le *retour* sur l'accord de tonique.

DU 2ᵐᵉ AU 1ᵉʳ DEGRÉ.

Celui du *2ᵐᵉ* au *1ᵉʳ* degré, *très mauvais* en mineur, est *peu usité* en majeur en dehors des marches d'harmonie.

Enfin, les enchainements d'accords *fon-damentaux* du *3me* au *2me* degré et du *4me* au *3me* ne sont *praticables* que dans les *marches unitoniques* du mode majeur; et même employés ainsi, ils ne sont pas exempts de dureté.

Quant à celui du *7me* au *6me* degré, il est *absolument mauvais*.

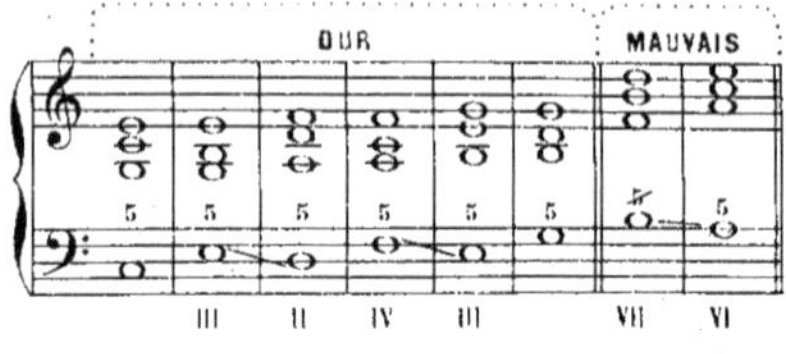

DU PREMIER RENVERSEMENT DANS LES ENCHAÎNEMENTS D'ACCORDS

§ 324. — Il est peu d'enchainements qu'on ne puisse rendre *bons* ou tout au moins *praticables*, en mettant, selon le cas, *l'un* des deux accords ou *tous les deux* à l'état de *1er renversement*.

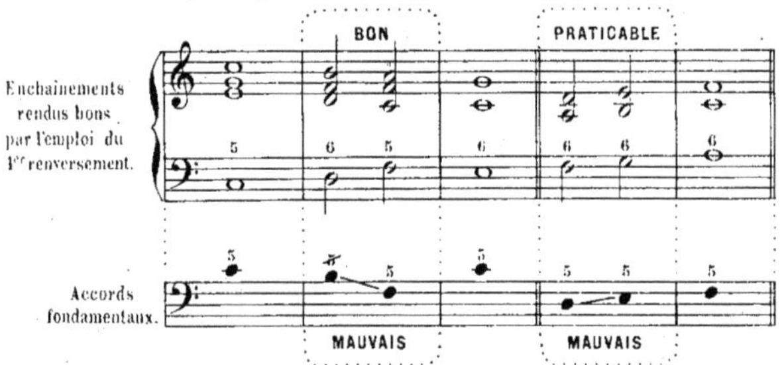

§ 325. — C'est ainsi que toutes les successions par *seconde inférieure*, (dont plusieurs sont *mauvaises* à l'état fondamental) deviennent *possible* en *accords de sixte*.

§ 326. — Il faut observer, cependant, que les *premiers renversements* posés sur le *1er degré* des deux modes et sur *le 5me* du mode majeur, ne doivent, en général, être employés que *transitoirement* dans toute *série d'accords de sixte*, soit ascendante, soit descendante.

En d'autres termes, ils sont mieux placés au *milieu* de la série qu'au commencement ou à la fin.

SÉRIES D'ACCORDS DE SIXTE PAR DEGRÉS CONJOINTS

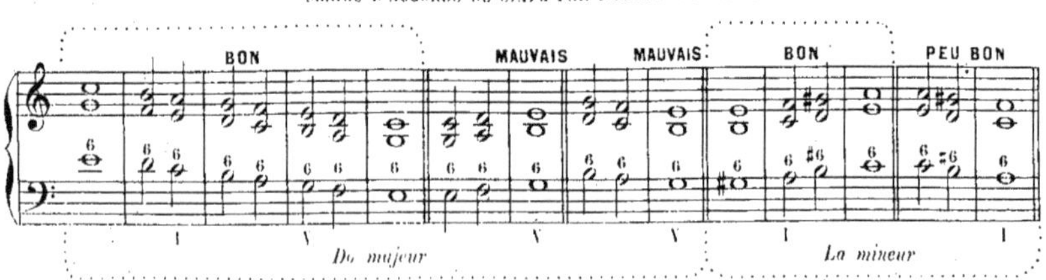

§ **327.**— Il est difficile d'obtenir de *longues sé-*
ries de premiers renversements par degrés con -
joints dans le mode mineur *1re forme.*

En effet, il y a *solution de continuité* entre l'accord de sixte du *4me* degré et celui du *6me*, par l'absence de premier renversement sur le *5me* degré de
ce mode. (On verra plus loin (§ 493) que cette lacune
n'existe pas avec la gamme mineure *2de* forme)

§ **328.**— De plus, les enchaînements
d'accords de sixte du *1er et du 2me degré,*
du *6me et du 7me* de ce mode mineur *1re*
forme, ont l'inconvénient de produire toujours, dans une partie, l'intervalle mélodique de *seconde augmentée :* intervalle généralement *défectueux.*

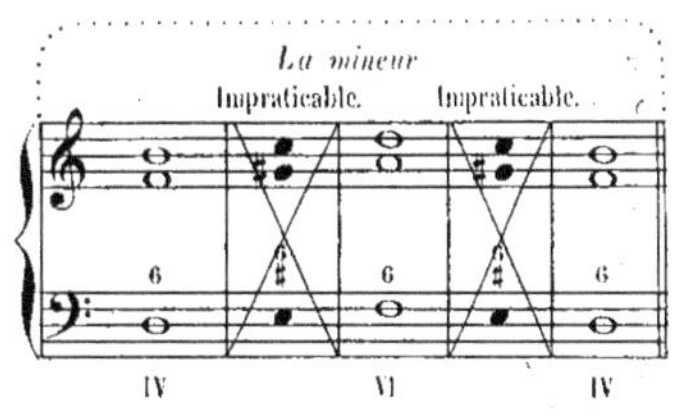

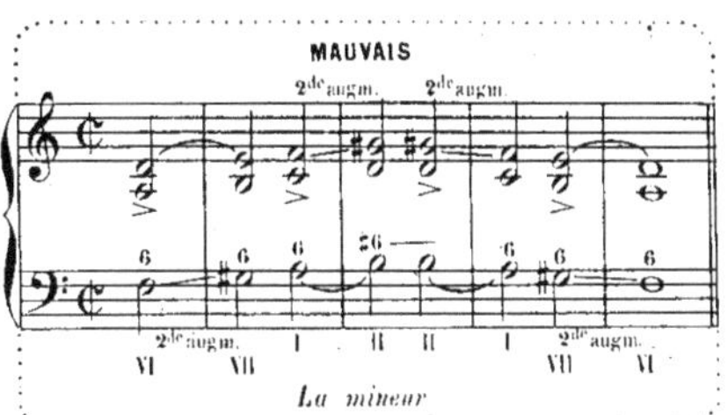

Mais, ces enchaînements sont *bons* lorsqu'ils permettent une *accentuation* comme celle indiquée dans l'exemple suivant; parce que cette accentuation fait disparaître la *défectuosité* de l'intervalle de *seconde augmentée,* les deux notes formant cet intervalle *n'étant pas liées l'une à l'autre.*

DU SECOND RENVERSEMENT DANS LES SUCCESSIONS D'ACCORDS

§ **329.**— Les accords de *quarte et sixte* ne se prêtent qu'à un nombre assez *restreint* de bons
enchaînements.

La nécessité de *préparer* et de *sauver* la *quarte* des seconds renversements d'accords
parfaits ne permet pas d'en faire deux de suite. D'ailleurs, la *succession* de *deux quartes justes*
contre la basse est *trop dure* pour n'être pas rejetée.

§ 330. — Mais, l'accord de *quarte augmentée et sixte* du *4me* degré des deux modes peut *succéder* à l'accord de quarte et sixte du *5me*
degré.

Celui-ci peut parfois *être, lui-même, précédé* de l'accord de
quarte augmentée et sixte du *6me degré mineur.*

EXERCICE

Analyser au point de vue des *enchainements d'accords* les basses chiffrées suivantes, N°s 2, 3, 4 et 5,
comme on l'a fait ici pour le N° 1.

RÈGLES SPÉCIALES
pour chaque degré des deux modes

1er DEGRÉ, TONIQUE *(de 1er ordre.)*
point de repos par excellence.

§ **331.** — Le 1er degré doit, généralement, porter *l'accord parfait.*

§ **332.** — Sur une *tenue* de la *tonique,* on peut employer l'accord de quarte et sixte *précédé* et *suivi* de l'accord parfait du *même degré.* (La *permutation d'octave* équivaut à une *tenue.*)

§ **333.** — On peut faire *succéder* à cet accord de quarte et sixte l'accord de *sixte* du *2me degré* ou *celui du 7me* (Dans ce dernier cas, la quarte est sauvée par la *basse* qui descend d'un demi-ton § 167.)

§ **334.** — L'accord de *sixte* du 1er degré, *faible* comme *effet tonal,* ne doit être employé que *précédé* ou *suivi* de l'accord parfait du même degré, à moins qu'il ne fasse partie d'une marche d'harmonie.

2me DEGRÉ *(Sus-Tonique)*

§ **335.** — La *sus-tonique*, degré de second ordre, porte, selon le cas: l'accord de *sixte*, celui de *quarte et sixte* ou *l'accord parfait*, (en mineur, l'accord de *quinte diminuée*.)

§ **336.** — On ne doit employer l'accord *fondamental* du 2me degré, que lorsque celui-ci procède à la note suivante par *intervalles disjoints*, et surtout lorsqu'il *saute de quarte* ou *de quinte*.

2me DEGRÉ PAR INTERVALLE DISJOINT

§ **337.** — Mais si la sus-tonique procède à la note suivante par *degrés conjoints*, elle ne doit porter que l'accord de *sixte* ou celui de *quarte et sixte*; ce dernier, au cas seulement où l'on peut en *préparer la quarte*; c'est alors un *accord de passage*.

2me DEGRÉ PAR INTERVALLE CONJOINT

§ **338.** — Le 2me degré, montant ou descendant de *tierce*, peut porter *accord fondamental* ou *accord de sixte*.

3me DEGRÉ *(Médiante)*

§ **339.** — Le 3me degré ne peut servir de *point de repos*, qu'à la condition de porter *l'accord de sixte* (cadence imparfaite § 253) cet accord, 1er renversement de celui de la tonique (de 1er ordre,) est même le *seul* qui convienne à la médiante dans la plupart des cas.

3me DEGRÉ PORTANT L'ACCORD DE SIXTE

§ **340.**— L'accord parfait du 3ᵐᵉ degré (de 3ᵐᵉ ordre,) ne doit être employé,(en dehors des marches unitoniques) que transitoirement, le plus souvent sur un temps faible, pour aboutir au 4ᵐᵉ degré, comme dans les cas suivants:

(Rappelons-nous que le 3ᵐᵉ degré de la gamme mineure 1ʳᵉ forme ne possède pas d'accord fondamental.)

§ **341.**— L'accord parfait de la médiante ne doit jamais succéder à celui du 2ᵐᵉ degré ou à celui du 4ᵐᵉ, à cause de la dureté de ces successions qui produisent la fausse relation de triton. (Voir

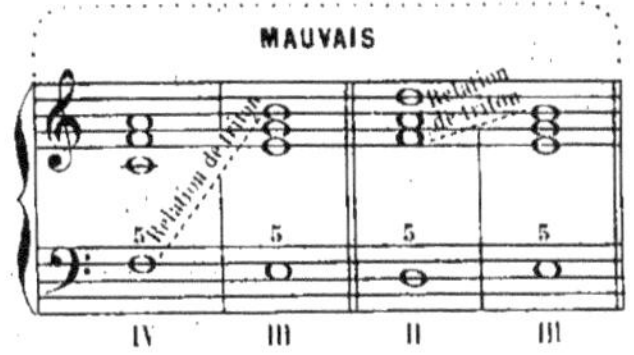

4ᵐᵉ DEGRÉ, SOUS-DOMINANTE. (degré de 1ᵉʳ ordre)

§ **342.**— Le *4ᵐᵉ degré* peut-être pris, parfois, pour *point de repos*; il demande, alors, presque toujours *l'accord parfait*.

§ **343.**— C'est également, à peu d'exceptions près, *l'accord parfait* qui lui convient, lorsqu'il procède à la note suivante par *degrés disjoints,* et surtout par *quinte ascendante* ou *quarte descendante*.

§ **344.**— Mais si la *sous-dominante* monte ou descend de *seconde, tierce* ou *sixte*, elle peut porter presque indifféremment, *l'accord parfait* ou *l'accord de sixte.*

Il en est de même, lorsqu'elle descend de quinte diminuée, sur la *note sensible,* celle-ci montant à la tonique.

Même Exemple en mineur.

A.L.6501.

§ **345.** — L'*accord parfait* du *4ᵐᵉ degré* ne doit pas, en général, *succéder* à *celui* de la *dominante*, cette succession d'accords produisant la *fausse relation de triton.* (§

§ **346.** — Pourtant, cet enchaînement est admissible, surtout après un *repos* sur la dominante, si l'on évite de placer, à la partie supérieure, la *note sensible* qui est en *relation de triton* avec le 4ᵐᵉ degré, basse de l'accord suivant.

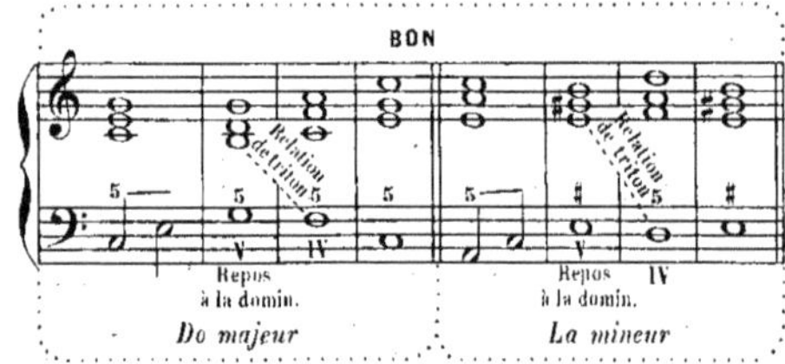

§ **347.** — Si l'*accord parfait* du *4ᵐᵉ degré* ne peut que *très rarement,* succéder à l'*accord parfait* de la *dominante,* il n'en est pas de même de la proposition inverse: l'*accord parfait* du *4ᵐᵉ degré* précédant l'*accord parfait du 5ᵐᵉ.* Cette dernière succession d'accords est *sans dureté,* malgré la *relation de triton* qui existe entre la *fondamentale* du 1ᵉʳ accord et la *tierce* du 2ᵈ

§ **348.** — Le 4ᵐᵉ degré descendant sur le 3ᵐᵉ peut porter quelquefois l'accord de *quarte augmentée et sixte,* mais cela ne se fait guère qu'à trois parties.

5ᵐᵉ DEGRÉ, DOMINANTE (de 1ᵉʳ ordre)
l'un des points de repos par excellence

§ **349.** — Le 5ᵐᵉ degré doit généralement porter l'accord parfait.

§ 350. — L'accord de *quarte et sixte* est fréquemment employé sur la *dominante*, comme précédant l'accord parfait du *même degré; accord* dont il est lui-même souvent *précédé*.

§ 351. — L'accord de *quarte et sixte* du 5me degré peut encore être *suivi* de celui de *quarte augmentée et sixte* du 4me.

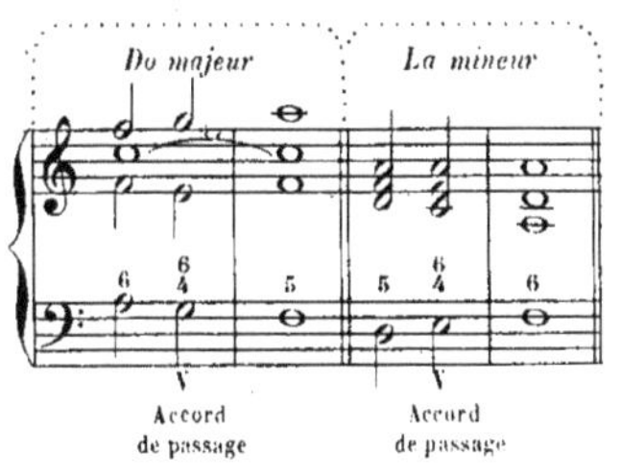

§ 352. — Enfin, on l'emploie souvent comme *accord de passage,* surtout en majeur (§ 161)

§ 353. — On sait déjà que l'accord de *sixte,* du 5me degré est *impraticable en mineur;* dans le mode majeur, l'accord de *sixte* de la *dominante,* très-faible comme *effet tonal,* est *fort peu usité,* excepté dans les *marches d'harmonie.* En dehors de ce cas, on ne doit l'employer que *précédé* ou *suivi* de l'accord parfait du *même degré.*

ACCORD DE SIXTE SUR LE 5me DEGRÉ

6me DEGRÉ *(Sus-dominante)*

§ 354. — La *sus-dominante* (degré de 2^d ordre) peut être, parfois, *une note de repos:* elle demande alors, le plus souvent, *l'accord parfait.*

§ **355.**— Lorsque le 6me degré n'est pas employé comme *note de repos*, il peut porter, presque indifféremment, *l'accord de sixte* ou *l'accord parfait* dans la majeure partie des cas. Cependant, l'accord de *sixte*, étant le *plus tonal*, comme 1er renversement de *l'accord parfait du 4me degré* (de 1er ordre), on doit, généralement le préférer; surtout si la *sus-dominante* procède à la note suivante par *degrés conjoints*.

6me DEGRÉ PORTANT TOUR-A-TOUR L'ACCORD DE SIXTE ET L'ACCORD PARFAIT

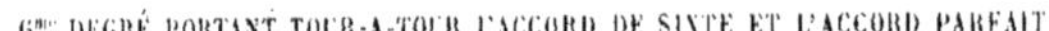
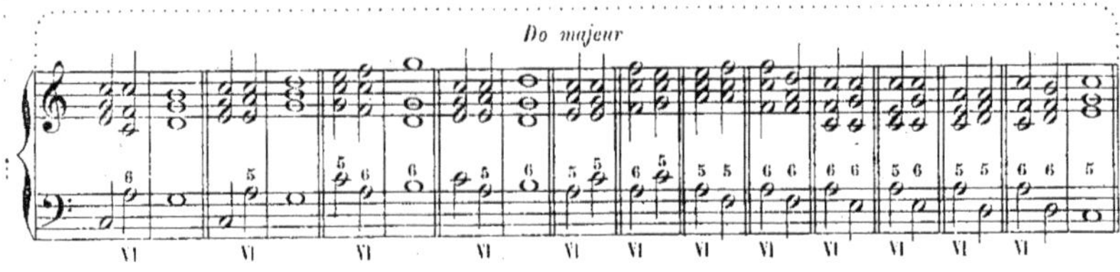

§ **356.**— Le 6me degré du *mode mineur*, descendant au 5me, peut porter parfois, et principalement au *temps faible*, son accord de *quarte augmentée et sixte*.

7me DEGRÉ, NOTE SENSIBLE (*de 3me ordre*)

§ **357.**— La *note sensible* est par elle-même absolument dépourvue du *caractère de repos*. L'accord dont elle est la *fondamentale*, (celui de *quinte diminuée* qui contient les *deux notes attractives*) est, éminemment, un *accord de mouvement* appelant l'accord *parfait* de la *tonique*, le *seul* qui permette aux notes *attractives* de se résoudre selon leur *tendance*.

§ **358.**— Mais, en plaçant l'accord de *sixte* sur le 7me *degré*, il n'est pas impossible d'y faire un *repos momentané*, cet accord de sixte étant le 1er renversement de *l'accord parfait* de la *dominante*. (Voir aux cadences § 280)

§ 359.— Au reste, c'est l'accord de *sixte* qu'on doit employer sur la *note sensible* dans la pluralité des cas.

7ᵐᵉ DEGRÉ PORTANT L'ACCORD DE SIXTE

§ 360.— On ne doit se servir de l'accord de *quinte diminuée* du 7ᵐᵉ *degré*, en dehors du cas précité (§ 357), que dans les *marches d'harmonie*.

RÉSUMÉ

§ 361.— Les accords fondamentaux conviennent:
Généralement, au *1ᵉʳ*, au *4ᵐᵉ* et au *5ᵐᵉ* degré.
Quelquefois, au *2ᵐᵉ* et au *6ᵐᵉ*.
Très rarement, au *3ᵐᵉ* et au *7ᵐᵉ*.

§ 362.— Les accords de sixte conviennent:
Généralement, au *3ᵐᵉ*, au *6ᵐᵉ* et au *7ᵐᵉ* degré.
Souvent, au *2ᵐᵉ* et au *4ᵐᵉ*.
Très rarement, au *1ᵉʳ* et au *5ᵐᵉ*.

§ 363.— Les accords de quarte et sixte, renversements d'accords parfaits, conviennent principalement au *1ᵉʳ*, au *2ᵐᵉ* et au *5ᵐᵉ* degré dans les circonstances suivantes:

A.— Sur la *tonique*, l'accord de *quarte et sixte* est ordinairement *précédé* et *suivi* de l'accord parfait du même degré (§ 332 exceptions § 333)

B.— Sur la *sus-tonique*, l'accord de *quarte et sixte* doit être *précédé* et *suivi* de l'accord parfait du *1ᵉʳ* degré, soit à l'état *fondamental*, soit à celui de *premier renversement*. (Accord de sixte de la médiante) (§ 337)

NOTA.— Ces deux accords de *quarte et sixte* sont, habituellement, placés au *temps faible*.

C.— Sur la *dominante*, l'accord de *quarte et sixte* peut se faire dans des *conditions analogues* à celles dans lesquelles se font l'un et l'autre des *seconds renversements* ci-dessus mentionnés; c'est-à-dire qu'il peut être *précédé* et *suivi* de l'accord parfait du même degré, ou qu'il peut être employé comme *accord de passage*, la basse procédant par degrés conjoints.

D.— Mais cet accord est surtout fort usité dans les *formules de cadences* (la cadence plagale exceptée)Il *précède* alors l'accord *fondamental* établi sur le *même degré* (le 5ᵐᵉ)

En pareil cas, la place de l'accord de *quarte et sixte* est ordinairement au *temps fort*; la *quarte* n'a besoin d'aucune *préparation*.

E.— Dans certaines *formules de cadences*, d'ailleurs *peu usitées*, on admet l'*intercallation* d'un accord par degrés conjoints entre *deux accords de quarte et sixte* de la dominante.

L'accord *intermédiaire* est, ainsi, *précédé* et *suivi* du *même accord* de *quarte et sixte*, dont il n'est, en quelque sorte que la *broderie*.

F.— Tout second renversement d'accord parfait, autre que les précédents, ne se fait que comme *accord de passage*. (§ 161)

DE LA PLACE QUE PEUT OCCUPER CHACUN DES ACCORDS DE 3 SONS
dans le discours musical

§ 364.—Le *premier accord* d'un morceau de musique quelconque est, presque toujours *celui de la tonique* à *l'état fondamental;* parce que, mieux qu'aucun autre, il *fait sentir,* immédiatement, et le *ton* et le *mode.*

§ 365.—C'est également (et ceci sans exception aucune) par l'accord *parfait* de la *tonique* que doit *finir* tout morceau.

Ce *dernier accord* du morceau doit être immédiatement *précédé* soit de l'accord *fondamental* établi sur la *dominante,* pour obtenir la *cadence parfaite;* soit de l'un des accords employés a- vant celui de la *tonique* dans les *cadences plagales* (§§ 256 et de 282 à 285)

§ 366.—Toute phrase *autre que la première* peut *commencer* par l'un des accords suivants, classés selon l'ordre de la *fréquence* de leur emploi comme accords *initiaux.*

1° ACCORDS DE TROIS SONS FONDAMENTAUX
établis sur les degrés: 1, 5, 4, 6, 2, 7, des deux modes.
(également)

2° ACCORDS DE SIXTE
placés sur les degrés: 3, 7, 6, 4, 2, des deux modes, renversements des degrés fondamentaux: I V IV II VII.

§ 367.—Il est rare qu'une phrase commence par un accord de *quarte et sixte.*

Cependant, après une *cadence* aboutissant à l'accord *parfait de la tonique* ou à *celui* de la *dominante,* l'accord de *quarte et sixte* du *même degré* peut servir d'accord *initial* à la phrase suivante; parce que la basse du 2^{d} renversement se trouve ainsi préparée.

§ 368.—L'accord de *quarte augmentée et sixte* n'ayant besoin d'*aucune préparation,* peut être employé (bien que rarement) comme *premier accord* d'une phrase de milieu.

§ 369.—*Tous les accords de trois sons fondamentaux* ou renversés, *peuvent trouver place* dans le *corps de la phrase,* pourvu que chacun d'eux y soit *amené* au *point du discours musical* auquel il convient, et que son *enchaînement* avec l'accord qui le *précède* et celui qui le *suit* soit conforme aux lois de succession précédemment établies.

§ 370.—Enfin, la *terminaison* d'une phrase *autre que la dernière,* peut se faire au moyen de *l'une quelconque* des cadences que l'on connait.

Or, quand la *basse* est *donnée,* il est facile de reconnaitre la nature de chacune des cadences qu'elle détermine. Il suffit, pour cela, de consulter le chapitre V, page 86 et suivantes.

TABLEAU INDICATIF DES ACCORDS DE TROIS SONS
à employer sur les divers degrés d'une tonalité établie et stable

Designation des degrés	Pour le cas où la note à harmoniser procède à la note suivante par *degrés conjoints* ou par intervalles de *tierce* ou de *sixte*.	Pour le cas où la note à harmoniser procède à la note suivante par *degrés disjoints* et surtout par intervalles de *quarte* ou de *quinte*.	*Cas particuliers*
Ier *Tonique*	Accord parfait	Accord parfait	Sur une *tenue* de la *tonique* on peut employer l'accord de *quarte et sixte* précédé et suivi de l'accord parfait du même degré. (La permutation d'octave équivant à une tenue.) Pour l'acc^d de *sixte* du 1^r degré, v. § 334
IIme *Sus-tonique*	Accord de sixte ou accord de quarte et sixte (Pour l'emploi de ce dernier accord, voir le § 337)	Accord parfait (L'accord de quinte diminuée en mineur)	Si l'on veut deux accords sur le 2^d degré, on peut y placer, *avant* ceux de sixte ou de quarte et sixte, l'accord *parfait* en majeur, l'accord de *quinte diminuée* en mineur.
IIIme *Médiante*	Accord de sixte	Accord de sixte	Pour l'emploi de l'accord parfait du 3e degré, mode majeur, voir les §§ 340 et 341.
IVme *Sous-dom^{te}*	Accord parfait ou accord de sixte	Accord parfait	L'accord parfait du 4e degré ne doit pas, en général, succéder à celui de la dominante. (Voir les §§ 345 et 346) Le 4e degré *descendant* au 3e porte parfois l'accord de *quarte augmentée et sixte* (Voir le § 348)
Vme *Dominante*	Accord parfait	Accord parfait	L'accord de *quarte et sixte* est souvent employé sur la dominante comme précédant l'accord *parfait* du même degré ; et cela, particulièrement dans les formules de cadences. On l'emploie aussi comme *accord* de passage. (§ 352)
VIme *Sus-dom^{te}*	Accord de sixte ou accord parfait	Accord parfait ou accord de sixte	Pour l'emploi de l'accord de quarte augmentée et sixte du 6e degré mineur, voir le § 356.
VIIme *Sensible*	Accord de sixte	Accord de sixte	Le 7e degré *montant à la tonique* peut aussi porter l'accord de *quinte diminuée*. Pour les autres cas où cet accord est praticable, voir le § 360.

EXERCICES

Chiffrer soi-même les basses suivantes et les réaliser à quatre parties. (*)

§ **371.** — Lorsqu'un passage de la *partie donnée* se présente sous la forme de progressions symétriques, il doit, généralement, être traité en marche: l'harmonie dont on l'accompagne doit être la même pour chaque progression. (§§ 290 et 291)

Supposons ce passage d'une basse donnée.

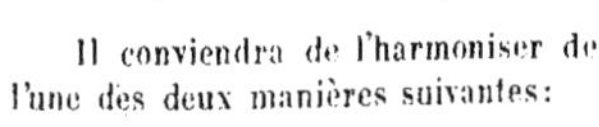

Il conviendra de l'harmoniser de l'une des deux manières suivantes:

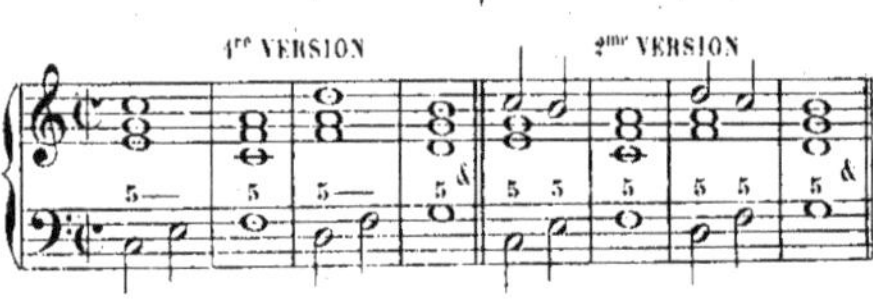

QUATRE BASSES CONTENANT DES MARCHES D'HARMONIE

(*) Avant tout, *numéroter* le degré de chaque note de basse.

CHAPITRE IX

DU CHANT DONNÉ

CONSIDÉRATIONS GÉNÉRALES

§ 372. — Lorsqu'au lieu de la basse, c'est la *partie supérieure* de l'harmonie qui est *proposée*, on appelle cette partie proposée *chant donné*.

Les règles concernant le choix des accords à placer *sous le chant donné*, ne peuvent avoir la *précision* de celles qui traitent de la basse à chiffrer.

En effet, l'accord que doit porter chaque note de basse est, en général, assez clairement indiqué par le rang qu'occupe cette note dans la gamme, et par son mouvement à la note suivante.

De plus, certaines cadences ne peuvent être déterminées d'une manière précise, que par la basse elle même (§ 250). Or, quand le chant est donné *seul*, il faut, tout d'abord, *lui construire une basse*; et c'est en cela que consiste la principale difficulté.

Supposons par exemple un thème comme celui-ci :

S'il est *donné comme basse*, l'harmonie qui doit l'accompagner est bien facile à trouver; puisqu'on n'a à choisir qu'entre ces deux versions presque également bonnes.

Mais, s'il était placé à la partie supérieure, ce thème pourrait être accompagné de tant d'*harmonies différentes* qu'il serait très difficile de formuler des règles précises sur le choix à faire entre toutes ces harmonies.

Tout ce qu'on pourrait dire, en pareil cas, c'est que, parmi les harmonies de l'exemple suivant, les *moins tonales* étant celles des mesures 3, 6 et 9, on doit leur préférer *les autres*, et parmi ces dernières, *celle qui convient le mieux au point où en est la phrase musicale.* (§ 301)

De la BASSE et de l'HARMONIE sous le CHANT DONNÉ

§ 373. — La *basse* a un *caractère mélodique* qui lui est propre; son *allure* doit être *franche* et comme *rythme* et comme *intonation*.

On peut y procéder, tantôt par *degrés conjoints*, tantôt par *degrés disjoints*. Les sauts de *quarte*, de *quinte* et surtout d'*octave* y sont admis plus fréquemment que dans toute autre partie.

Pour se bien pénétrer du *caractère spécial* que doit avoir une basse, il sera bon de *jouer* ou de *solfier*, sans y *adjoindre aucun accompagnement, celles qui ont été données* depuis la page 49.

Étudier *de la même façon, les basses des formules de cadences* de la page 91 qu'on a dû compléter et réaliser sur le cahier d'exercices.

§ 374. — La *basse* ne doit produire, *avec le chant*, aucun *des mouvements harmoniques défendus* entre les parties extrêmes. (§§ 37 à 40, 120 à 123, 125, 212, 226, 260 etc.)

On doit y rechercher, autant que possible, le mouvement *contraire*, ou, à défaut, le mouvement *oblique*, sans exclure, cependant, le mouvement *direct* entre ces *deux parties*, lorsqu'il n'a rien de fautif, et qu'au contraire, il convient mieux que les autres pour *la circonstance*.

§ 375. — *Tout en construisant une basse* sous le chant donné, il faut se préoccuper de *l'accord* qui peut convenir à *chacune de ses notes; accord* dont le *chant* et la *basse* doivent, nécessairement, *faire partie,* et qu'il faut pouvoir *compléter* par une *réalisation correcte* des parties intermédiaires.

A cet effet, on doit *ménager,* entre la basse et le chant un *espace suffisant* pour que les *autres parties* puissent y *trouver place.* Il faut, en outre, *rejeter* toute combinaison de *la basse avec le chant,* qui, sans être mauvaise en elle même, ne permettrait pas une *réalisation complète et correcte* des accords.

Ainsi, la succession de *deux tierces* par *degrés conjoints* entre le chant et la basse, qui, par elle même, n'a rien d'incorrect, ne permet pas toujours de réaliser *purement,* à 4 parties, les accords que réclame cette basse.

Ce cas se présente, notamment, dans l'enchainement des *accords parfaits* du *4me* et du *5me* degré, ou des *accords de sixte* du *2me* et du *3me*.

ESSAIS DE RÉALISATION A 4 PARTIES DE CES DEUX ENCHAÎNEMENTS D'ACCORDS,
le *chant* et la *basse* marchant en *tierces.*

ACCORDS PARFAITS DU 4me ET DU 5me DEGRÉ (en *do majeur*)

ACCORDS DE SIXTE DE 2me ET DU 3me DEGRÉ (en *do majeur*)

§ 376. — Relativement à la *place* que peut ou doit occuper chacun des accords de 3 sons, dans la phrase musicale, se conformer aux règles précédemment établies. (§§ 364 à 370)

De même, pour les *enchaînements* ou *successions d'accords,* consulter les §§ 315 à 330.

DES PÉRIODES, DES PHRASES, DES MEMBRES DE PHRASE
et des Cadences.

Nos *premiers chants donnés* sont tous *carrés,* ce qui permet d'en distinguer, facilement, les diverses *phrases* et les *membres de phrase.* (§ 247)

§ 377. — *Chaque membre de phrase* doit être *terminé* par une *cadence;* les *cadences-types* (§§ 252 à 256) y seront pratiquées de préférence aux autres.

Mais encore faut-il que chaque cadence soit placée *à propos;* car, les cadences sont au discours musical ce que la ponctuation est au discours littéraire.

Or, l'on sait qu'on ne pourrait mettre la *virgule* à la place du *point* et réciproquement, sans obscurcir ou changer le sens d'une phrase.

Il en serait de même d'une cadence mise à la place d'une autre, si ces deux cadences avaient un *sens différent* ou *opposé.*

Voici, à défaut de règles absolues, quelques considérations qui peuvent venir en aide pour placer à propos les différentes cadences.

§ 378.— Les grandes divisions d'un discours musical développé se nomment *périodes*.

Chaque *période* contient, ordinairement, *plusieurs phrases*.

Les phrases peuvent être de dimensions bien différentes selon la forme et le caractère du morceau.

Pour ne parler que des *phrases carrées*, il y en a de 2, de 4, de 8, de 12, de 16 mesures et plus.

Il en est qui n'ont qu'*un membre de phrase*; et d'autres qui en possèdent *deux, trois* ou *quatre*.

§ 379.— On conçoit que les *cadences* qui ont le *sens inachevé* conviennent mieux aux *premiers membres* d'une phrase qu'à *celui qui la termine*, et qu'elles sont moins favorables que les autres pour bien faire sentir *la fin d'une période*.

Telles sont les *cadences imparfaites*, dont le sens est *éminemment suspensif*.

Au contraire, les *cadences* qui ont le *sens achevé*, c'est-à-dire, la *cadence parfaite* et la *cadence plagale*, conviennent plutôt à la fin de la phrase, ou, mieux encore, de la période, qu'aux autres parties de cette période ou de cette phrase.

Mais, une foule de circonstances peuvent *modifier* ou même *changer* le *sens particulier* de chaque cadence:

Par exemple, *la durée* proportionnelle *des accords* qui la composent; *la disposition* de leurs *notes supérieures; le temps* de la mesure où se *termine* la cadence; etc, etc...

Si bien, qu'une *cadence* ayant le *sens achevé* peut convenir, parfois, aux *premiers membres d'une phrase*, alors qu'une *cadence* ayant le *caractère interminé* pourra convenir à la *fin de la phrase* elle même, si ce n'est pas la phrase finale. (§ 251)

§ 380.— Le *chant* pouvant être le *même* pour les cadences *parfaite, imparfaite* et *rompue* (§ 250), le choix à faire, alors, entre ces trois cadences peut paraître embarrassant.

A ce propos, il y a lieu de rappeler que, la *cadence parfaite* devant servir de *conclusion* à la *phrase finale*, il est bon de ne *pas abuser* de cette cadence, dans le courant d'une leçon unitonique, et surtout *vers la fin*, pour ne pas tomber dans la *monotonie*.

On fera donc bien d'entremêler, autant que possible, les cadences *imparfaite, rompue* et *parfaite*, pour obtenir de la *variété*.

§ 381.— La *dominante*, qui, dans ces trois *cadences*, est employée comme *avant-dernière note* de la *basse*, n'y est amenée, habituellement, que dans l'*avant-dernière* mesure d'une phrase ou d'un membre de phrase en *harmonie serrée* (Exemple *X* mesures 3 et 15), ou dans l'*antépénultième* et sur le temps fort, si l'harmonie est *large* (Exemple *Z* mesure 6).

§ 382.— Dans la *demi cadence*, la *basse* ne doit aboutir à la *dominante* qu'à la *dernière* mesure (Exemple *X* mesure 8 et 12); ou si la terminaison est *féminine* (§ 248) et l'harmonie *large*, à l'*avant dernière* (Exemple *Z* 3me mesure).

EXEMPLE X

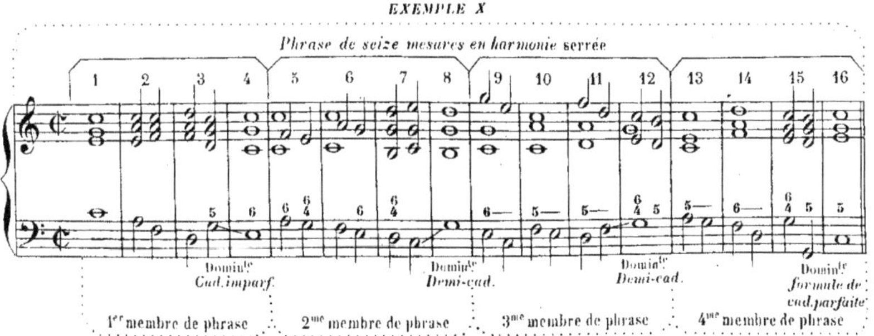

A. L. 6501.

§ 383. — Les deux *formules de cadences* qui terminent les 1er et 4me membres de phrase de l'exemple *x*, deviendraient plus ou moins *plates*, si, dans la *première*, l'accord parfait de la *dominante* était précédé de *l'un de ses renversements*, et dans la *seconde*, si l'accord de *sixte* du 4me degré et celui de *quarte et sixte* du 5me étaient remplacés par *l'accord de dominante* et celui de tonique dans un état quelconque.

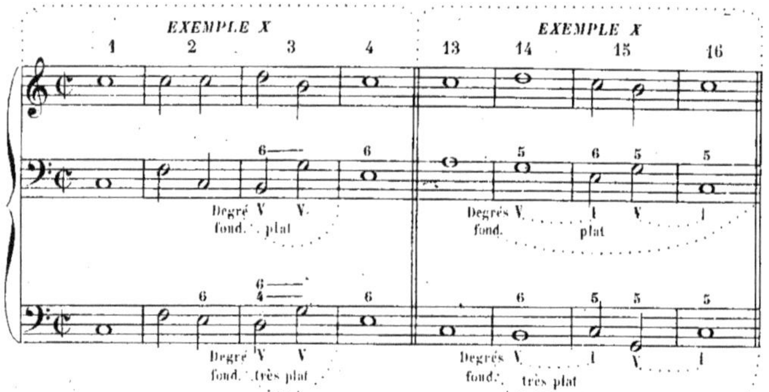

DES NOTES RÉPÉTÉES AU CHANT

§ 384. — Lorsque, dans un *chant donné, la même note se répète plusieurs fois de suite*, il est généralement nécessaire d'en *modifier chaque fois l'harmonie*, soit *par un changement de fondamentale* soit, tout au moins, par *un changement de position à la basse*, et cela pour éviter la *platitude* qui résulterait de la *répétition* du *même accord*, dans le *même état* et la *même position*. (Voir le *chant* et l'*harmonie* des mesures 1,2 et 5,6 de l'exemple *x* 1,2 et 5,6,7 de l'exemple *z* ainsi que les deux exemples suivants.)

§ 385. — Au lieu de faire un accord *nouveau* à chaque répétition de la même note, on peut quelquefois, *répéter une même formule* composée de *deux* ou *plusieurs accords*.

HARMONIE SYNCOPÉE

§ 386. — Certaines *tournures mélodiques* d'un *chant donné* peuvent rendre *inévitable* une *harmonie syncopée*.

On doit du moins, en pareil cas, *changer la position de la basse*, autant que possible, afin d'obtenir un *nouvel état de l'accord*. (§ 311.)

ACCORDS BRISÉS-TENUES

§ 387. — Il arrive souvent que *deux, trois, quatre notes* du chant ou davantage, qui se succèdent dans une même mesure ou dans plusieurs, présentent l'aspect d'un *accord brisé*

Si ces notes sont *brèves* et font partie de la même mesure, on peut les comprendre *toutes* dans un même accord, avec ou sans changement de position à la basse.

Mais si elles sont *longues* et réparties entre plusieurs mesures, on peut, préférablement, en *changer l'harmonie*, sinon à chaque note, au moins à chaque mesure.

§ 388. — On peut aussi faire des *accords brisés* à la basse, pendant la durée d'une note du chant; on peut même en faire à plusieurs parties à la fois, mais il faut user sobrement de ce dernier moyen pour ne pas *alourdir* l'harmonie.

§ 389. — *Plusieurs accords* peuvent se succéder pendant la durée *d'une note du chant*, ne fut-elle que d'une mesure ou même d'un temps, si le rythme du morceau le permet ou le réclame.

DES FONCTIONS DIVERSES
que peut remplir, à la partie supérieure, chacun des degrés
de la gamme majeure et de la gamme mineure
dans l'harmonie consonante.

1er, 3me et 5me DEGRÉ, EMPLOYÉS COMME PREMIÈRE OU DERNIÈRE NOTE
D'UN CHANT DONNÉ

§ 390. — Un chant quelconque doit, en général, *commencer* par *l'une des notes* de l'accord *parfait* de la *tonique:* 1er, 3me ou 5me degré; il *finit toujours* par l'une de ces trois notes, et principalement par la tonique.

Employés comme *première* ou *dernière* note d'un chant, ces trois degrés ne peuvent remplir d'autres fonctions que les suivantes :

Savoir :

1° — Le 1er degré, ne peut être que la *fondamentale doublée.*

2° — Le 3me degré ne peut remplir que la fonction de *tierce.*

3° — Le 5me degré, celle de *quinte.*

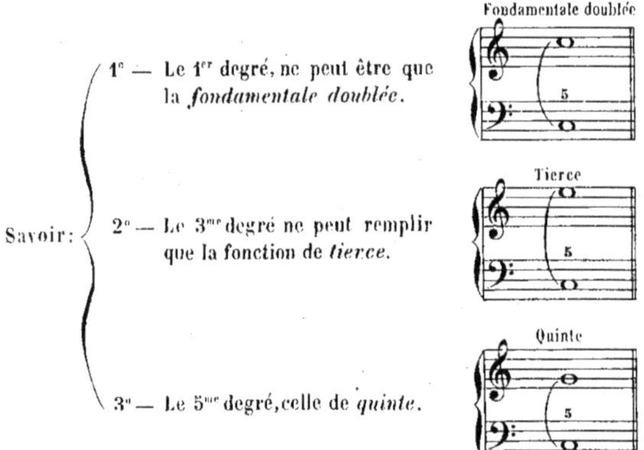

§ 391. — Voici, maintenant, les diverses fonctions qui peuvent être remplies, selon le cas, par chaque degré, pendant le cours d'une leçon, classées d'après la fréquence de leur emploi.

1er DEGRÉ

A.L.6501.

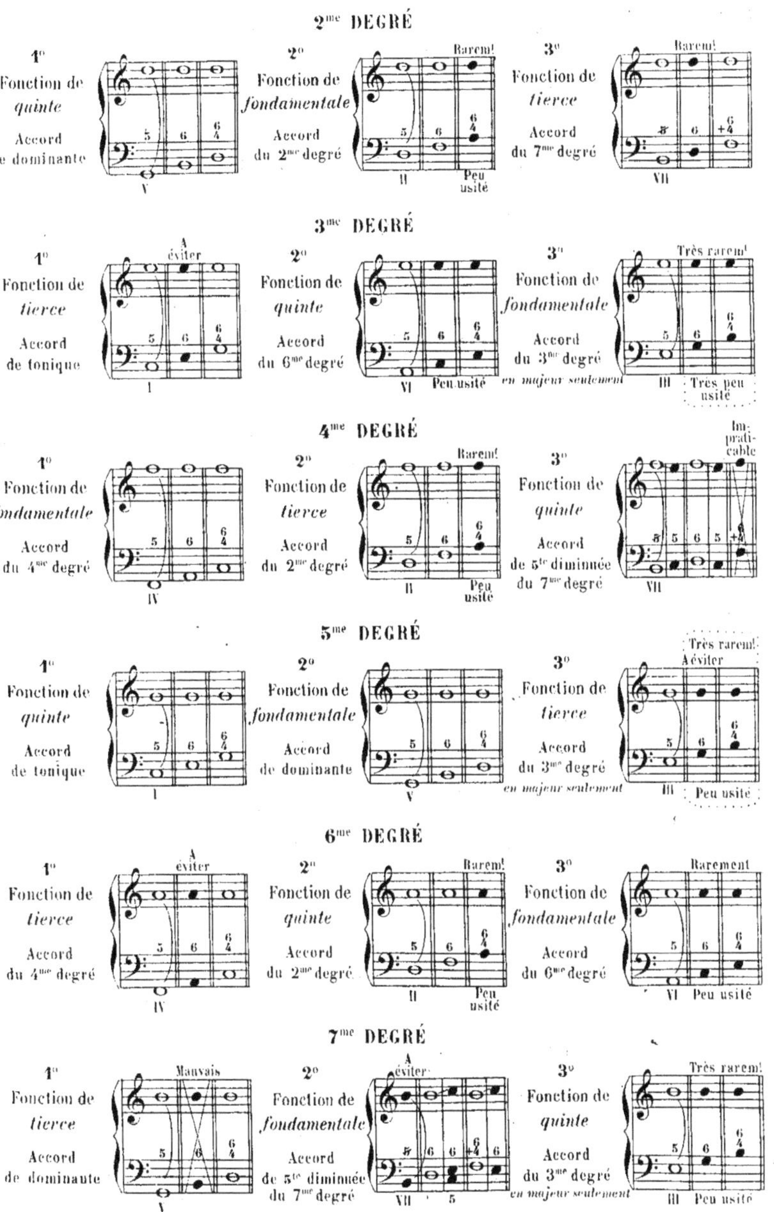
2me DEGRÉ
1o Fonction de quinte — Accord de dominante — V
2o Fonction de fondamentale — Accord du 2me degré — Rarem! — II — Peu usité
3o Fonction de tierce — Accord du 7me degré — Rarem! — VII

3me DEGRÉ
1o Fonction de tierce — Accord de tonique — A éviter — I
2o Fonction de quinte — Accord du 6me degré — VI — Peu usité
3o Fonction de fondamentale — Accord du 3me degré — Très rarem! — en majeur seulement — III — Très peu usité

4me DEGRÉ
1o Fonction de fondamentale — Accord du 4me degré — IV
2o Fonction de tierce — Accord du 2me degré — Rarem! — II — Peu usité
3o Fonction de quinte — Accord de 5te diminuée du 7me degré — Impraticable — VII

5me DEGRÉ
1o Fonction de quinte — Accord de tonique — I
2o Fonction de fondamentale — Accord de dominante — V
3o Fonction de tierce — Accord du 3me degré — Très rarem! A éviter — en majeur seulement — III — Peu usité

6me DEGRÉ
1o Fonction de tierce — Accord du 4me degré — A éviter — IV
2o Fonction de quinte — Accord du 2me degré — Rarem! — II — Peu usité
3o Fonction de fondamentale — Accord du 6me degré — Rarement — VI — Peu usité

7me DEGRÉ
1o Fonction de tierce — Accord de dominante — Mauvais — V
2o Fonction de fondamentale — Accord de 5te diminuée du 7me degré — A éviter — VII
3o Fonction de quinte — Accord du 3me degré — Très rarem! — en majeur seulement — III — Peu usité

DES TERMINAISONS MÉLODIQUES

§ 392. — Les *cadences harmoniques* étant, généralement, moins bien déterminées par la *partie supérieure* que par la *basse*, nous croyons utile de placer sous les yeux de l'élève un tableau renfermant les principales *terminaisons mélodiques* avec l'indication des *diverses cadences* qu'on peut adapter à chacune d'elles.

TERMINAISONS MÉLODIQUES
ayant pour avant-dernière note le 1er degré

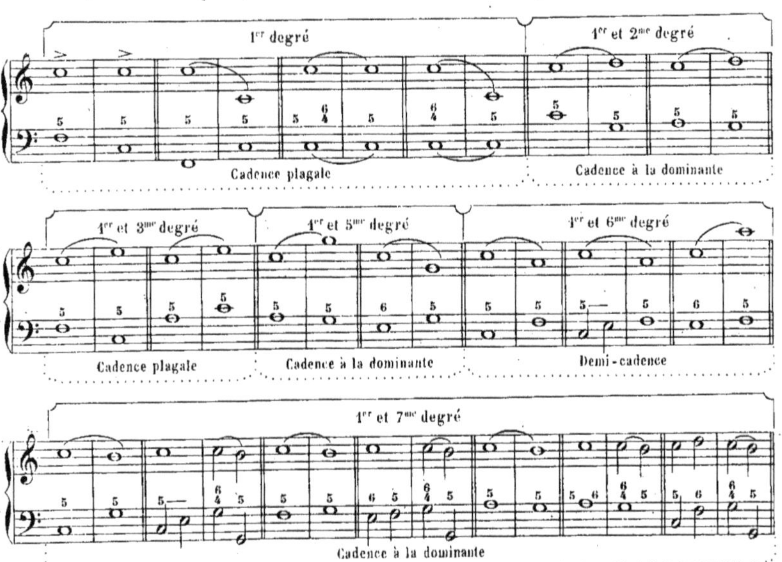

TERMINAISONS MÉLODIQUES
ayant pour avant-dernière note le 2me degré

TERMINAISONS MÉLODIQUES
ayant pour avant-dernière note le 3ᵐᵉ degré

TERMINAISONS MÉLODIQUES
ayant pour avant-dernière note le 4ᵐᵉ degré

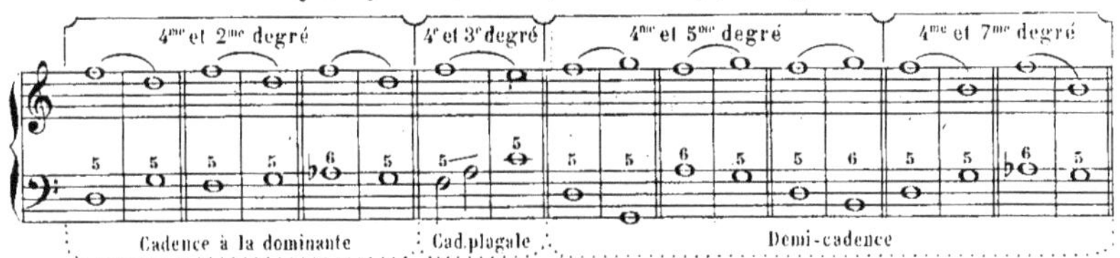

TERMINAISONS MÉLODIQUES
ayant pour avant-dernière note le 5ᵐᵉ degré

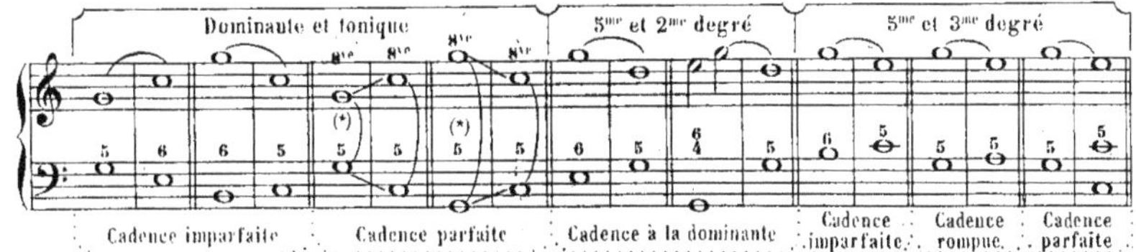

TERMINAISONS MÉLODIQUES
ayant pour avant-dernière note le 6ᵐᵉ degré

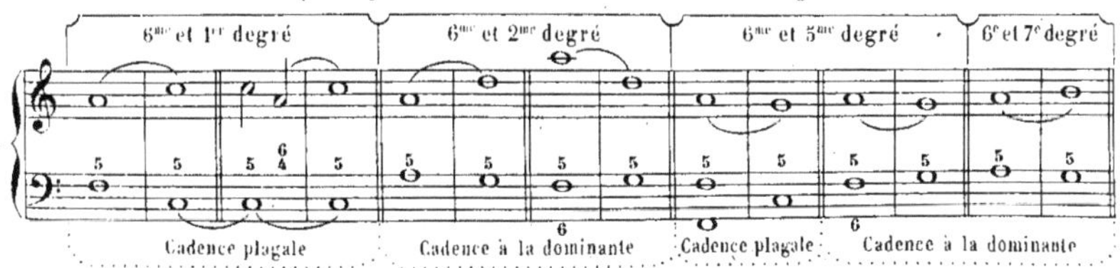

(*) Ces octaves sont tolérées par *mouvement contraire* dans la *cadence finale* d'un morceau ou d'une période.

A.L.6501.

TERMINAISONS MÉLODIQUES
ayant pour avant-dernière note le 7me degré

DE LA TRANSPOSITION EN CLEF DE SOL
des chants donnés écrits en clef d'Ut 1re ligne

§ 393.— Les élèves qui ne lisent pas la *clef d'ut 1ère ligne*, sur laquelle nos *chants* sont écrits; pourront, facilement, les transcrire en *clef de sol.*

Pour cela, il suffira de *placer les notes qui sont sur les lignes*, à *la ligne au-dessous*, et *celles qui sont dans les interlignes*, à *l'interligne plus bas.*

Ajoutons, que s'il y a des *dièses* ou des *bémols* à la *clef donnée*, on aura le soin de les mettre *à la place qui leur convient* à la *nouvelle clef.*

EXEMPLE
CHANT DONNÉ EN CLEF D'UT 1re LIGNE

MÊME CHANT TRANSCRIT EN CLEF DE SOL

EXERCICES

Chants donnés unitoniques ou non-modulants dont on devra trouver la *basse* et *l'harmonie.*

Après vérification de la *basse* et des *chiffres*, on complétera les *accords* en remplissant les *parties intermédiaires.*

CHANTS DONNÉS ÉLÉMENTAIRES EN DO MAJEUR

CHANTS DONNÉS ÉLÉMENTAIRES EN LA MINEUR

CHANTS DONNÉS EN DIFFÉRENTS TONS

N. B. — *Le chant suivant*, en raison de son *allure particulière*, comporte vers la fin quelques *harmonies syncopées.* (Voir § 386)

HARMONIE CHROMATIQUE
modulante et non-modulante

CHAPITRE I

DE LA MODULATION

NOTIONS GÉNÉRALES

§ **394.**—On nomme *modulation* l'opération qui consiste à passer *d'une tonalité à une autre*, au moyen d'un ou de plusieurs *accords transitifs* qui préparent ou déterminent la nouvelle tonalité en détruisant le sentiment de la première.

§ **395.**—La *cause déterminante* de la modulation réside, le plus souvent, dans le *rapport chromatique* qui existe entre certaines notes, naturelles dans un ton, diésées ou bémolisées dans un autre.

MODULATION de DO MAJEUR en FA MAJEUR
au moyen d'*un accord transitif.*

L'accord de *quinte diminuée* de *mi (A)* contenant le *si* ♭ en rapport chromatique avec le *si naturel* du ton de *do*, détruit cette première tonalité et détermine celle de *fa*, dont le *si* ♭ est la *sous-dominante*.

La nouvelle tonalité est *confirmée* par la formule de cadence parfaite qui finit la phrase.

MODULATION de DO MAJEUR en SOL MAJEUR
au moyen de *plusieurs accords transitifs.*

La *basse* de l'accord de *sixte (B)* le *fa* ♯, en rapport chromatique avec le *fa naturel* du ton de *do*, détruit cette 1re tonalité et détermine celle de *sol*, dont le *fa* ♯ est la *note sensible*, tonalité à laquelle les trois accords précédents ont déjà *préparé*, et que *confirme* la formule de *cadence parfaite* qui termine la phrase.

§ **396.**— On peut aussi, pour effectuer une modulation, profiter du rapport enharmonique *qui existe entre certaines notes de tonalités différentes.*

Ce genre de modulation sera l'objet d'un chapitre spécial.

§ **397.**—On divise les modulations en deux classes principales, savoir:

1° Les modulations aux *tons voisins.*

2° Les modulations aux *tons éloignés.*

CHAPITRE II

MODULATION AUX TONS VOISINS

§ 398. — On nomme *tons voisins:*

1° Deux tons ayant *la même armature de clef,* c'est-à-dire, un *ton majeur* et *son relatif mineur,* ou, réciproquement, un *ton mineur* et son *relatif majeur.*

2° Les tons dont l'armature de la clef *ne diffère* que par *un seul signe d'altération de même nature* en *plus* ou en *moins,* quand même la structure de leurs gammes nécessiterait *deux* ou *trois notes dissemblables* ou *différentielles.*

§ 399. — Ces *notes différentielles* sont les *notes caractéristiques* d'un ton par rapport à l'autre, parce que ce sont elles qui servent à déterminer la modulation de l'un à l'autre ton.

Lorsque deux tons ont *plusieurs notes dissemblables,* l'une d'elles est la *note caractéristique principale,* les autres ne sont que des *notes caractéristiques secondaires,* plus ou moins importantes, qui peuvent aider à effectuer la modulation, mais non la déterminer aussi parfaitement.

§ 400. — Le ton qui sert de point de départ à une modulation est appelé *ton primitif.*
(S'il s'agit de celui par lequel commence et finit le morceau, on peut le nommer *ton principal.*)

§ 401. — Un ton quelconque, majeur ou mineur, a toujours *cinq tons voisins,* dont trois *voisins directs* et deux *voisins indirects.*

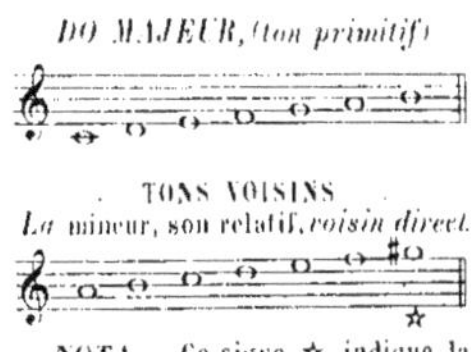

Ré mineur, voisin indirect.

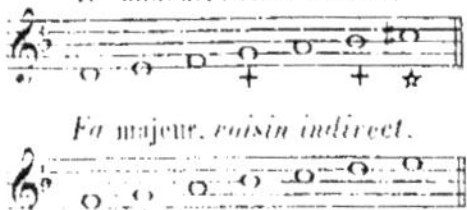

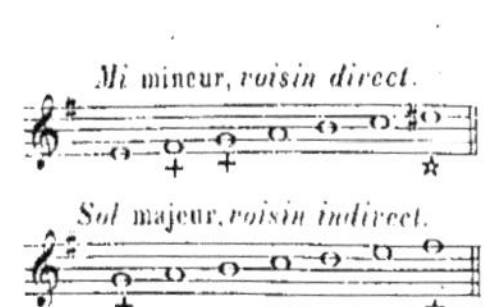

134

REMARQUES

§ 402.— D'après les exemples qui précédent, on peut constater:

1° Que *deux tons relatifs* sont, nécessairement, *voisins directs* l'un de l'autre.

2° Que les *quatre autres tons voisins* sont *communs aux deux relatifs*, avec cette différence que les *voisins directs* de l'un sont les *voisins indirects* de l'autre, et réciproquement.

§ 403.— On peut, en outre, faire les observations suivantes:

1° La *note caractéristique unique* de *celui des tons voisins* qui se trouve à la *quarte supérieure* d'un *ton primitif majeur* c'est la *sous-dominante* de ce ton voisin (Voir dans le 1er tableau le ton de *fa*; voisin de *do* majeur)

2° La *note caractéristique principale* de *celui des tons voisins* qui se trouve à la *sixte supérieure* d'un *ton primitif mineur*, c'est également la *sous-dominante* de ce ton voisin. (Voir dans le 2d tableau, le ton de *fa*, voisin de *la* mineur)

3° La *note caractéristique principale et unique* d'un ton majeur par rapport à son relatif mineur (ton primitif), c'est la *dominante* du premier ton. (Voir, dans le 2d tableau, le ton de *do* majeur voisin de *la* mineur.)

4° A part ces trois cas, la *note caractéristique principale* d'un ton voisin, relativement au ton primitif, est toujours la *note sensible* de ce ton voisin. (Voir tous les tons voisins de *do* majeur, autre que celui de *fa*; ainsi que les tons voisins de *la* mineur, autres que ceux de *fa* et de *do*)

EXERCICE

Disposer les *tons voisins* des *tons primitifs* suivants, de la même manière que le sont ceux des tons de do majeur et de la mineur dans les deux tableaux qui ont servi d'exemples. Désigner, comme dans ces deux tableaux, les *notes caractéristiques* de chaque ton voisin relativement au ton primitif.

TONS PRIMITIFS DONNÉS

Sol majeur, mi mineur, fa majeur, ré mineur, ré majeur, si mineur, si♭ majeur et sol mineur.

§ 404.— La *modulation aux tons voisins* est facile à effectuer: on peut la faire au moyen d'un *seul accord transitif*; on peut la faire au moyen de *plusieurs*.

MODULATIONS de DO MAJEUR en MI MINEUR

§ 405.— Les *accords de trois sons* les plus favorables pour déterminer par eux-mêmes la modulation aux tons voisins, sont, selon le cas:

1° L'*accord parfait* de la *dominante*, fondamental ou renversé, du ton où l'on veut passer.

2° L'*accord de quinte diminuée du septième degré*, fondamental ou renversé, appartenant au ton où l'on veut aller.

L'un de ces deux accords contient toujours la *note caractéristique principale* du ton voisin vers lequel on se dirige, par rapport au ton primitif que l'on quitte.

MODULATIONS de DO MAJEUR en SOL MAJEUR
effectuées au moyen de l'accord *parfait de la dominante,* fondamental ou renversé, du ton de *sol,*
lequel contient le *fa ♯,* note caractéristique du ton de *sol* relativement au ton de *do.*

MODULATIONS de DO MAJEUR en FA MAJEUR
effectuées au moyen de l'accord de *quinte diminuée* fondamental ou renversé, du ton de *fa,*
lequel contient le *si ♭,* note caractéristique du ton de *fa* par rapport au ton de *do.*

EXERCICES

Chiffrer les *basses données* suivantes en ayant le soin d'employer le *moyen* indiqué en tête de chaque exercice pour *opérer* les diverses *modulations* qu'il contient.

Après vérification des chiffres, prendre connaissance des §§ 406 à 413 qui suivent, et *réaliser ces quatre basses* avec le *nombre de parties* indiqué.

SOL MAJEUR, TON PRINCIPAL

Modulations aux tons de *mi* min., *ré* maj., *la* min. et *si* min. ses *voisins,* à effectuer par le moyen de l'accord *parfait de la dominante fondamental ou renversé.*

RÉ MINEUR, TON PRINCIPAL

Modulations aux tons de *fa* maj., *do* maj., *la* min., *sol* min. et *si ♭* maj. ses *voisins,* à effectuer par le moyen de l'accord *parfait de la dominante fondamental ou renversé.*

RÉ MAJEUR, TON PRINCIPAL

Modulations aux tons de *sol* maj., *la* maj., *si* min., *mi* min. et *fa* ♯ min. ses *voisins*; à effectuer par le moyen de l'accord de *quinte diminuée* du 7ᵐᵉ degré *fondamental* ou *renversé*.

SOL MINEUR, TON PRINCIPAL

Modulations aux tons de *si* ♭ maj., *ré* min., *fa* maj., *mi* ♭ maj. et *do* min. ses *voisins*; à effectuer par le moyen de l'accord de *quinte diminuée* du 7ᵐᵉ degré *fondamental* ou *renversé*.

RÉALISATION de l'HARMONIE CHROMATIQUE
modulante ou non modulante

§ 406. — En enchaînant deux accords, dont l'un contient une ou plusieurs notes en *rapport chromatique* avec celles de l'autre accord, il faut éviter, soigneusement, la *fausse relation chromatique* ou la *fausse relation d'octave* qui résulterait de la succession *immédiate dans deux parties différentes*, de ces notes en rapport chromatique.(*)

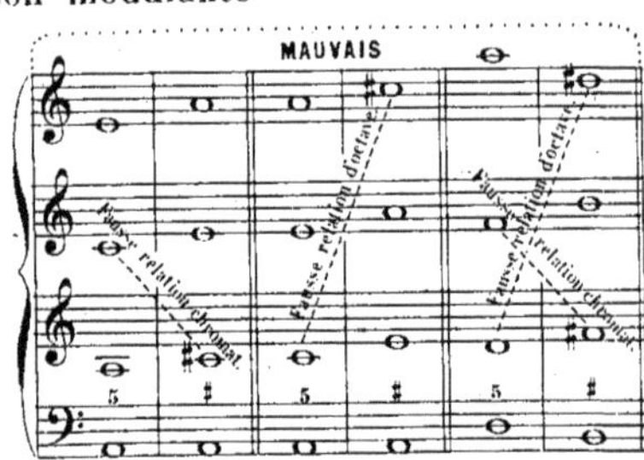

(*)**NOTA.**—Un *accord intermédiaire* ne suffit pas toujours pour détruire ces *fausses relations.*

Pour éviter toute *fausse relation*, il faut placer *à la même partie les deux notes en rapport chromatique*, en procédant par *demi-ton*.

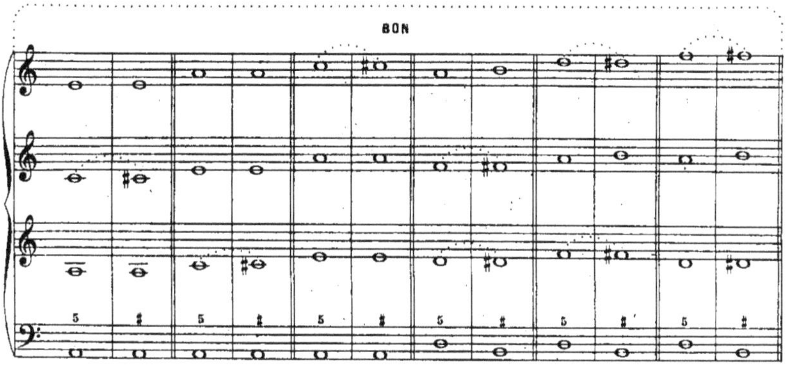

EXCEPTION

§ **407.**—Lorsque, pour moduler d'*un ton majeur* à son *relatif mineur*, on fait succéder , à *l'accord parfait de la tonique* du mode majeur, (état fondamental), *l'accord de sixte* ou celui de *quinte diminuée du 7ᵐᵉ degré du mode mineur*, il est préférable de faire la *fausse relation d'octave* plutôt que de doubler ce 7ᵐᵉ degré, *note sensible*. Mais *on doit éviter*, autant que possible, de placer à la *partie supérieure*, la *quinte du premier accord*, parce que la *fausse relation* se trouverait alors entre les deux *parties extrêmes*, ce qui la mettrait *par trop en évidence*.

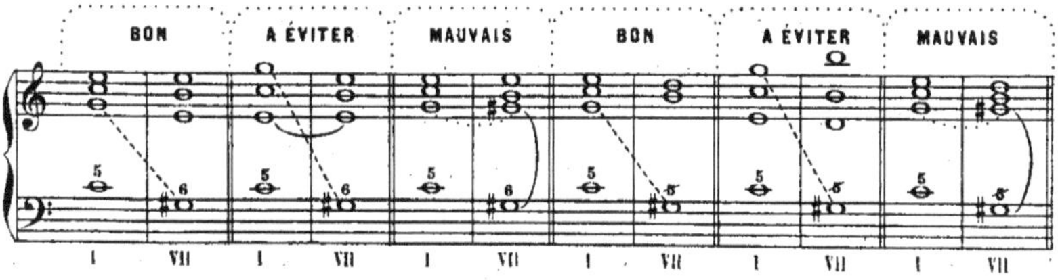

§ **408.**—On doit s'efforcer, le plus possible, à *ne doubler ni l'une ni l'autre des notes* qui se suivent *chromatiquement;* à moins que la note doublée ne soit la *fondamentale* d'un accord parfait.

§ **409.**—Le *mouvement direct* est permis aux quatre parties à la fois, lorsque l'une d'elles procède par *demi-ton chromatique* ascendant ou descendant.

MOUVEMENTS DIRECTS PERMIS

§ **410.**—Quand la *note sensible* du ton vers lequel on se dirige fait partie de l'accord qui détermine la modulation; elle doit, plus que jamais *monter à la tonique.*

DU DEMI-TON CHROMATIQUE EMPLOYÉ MÉLODIQUEMENT

§ **411.**—Lorsque la composition des accords le permet, il est bon que le *demi-ton chromatique* employé *mélodiquement* fasse partie d'une *série de quatre sons* formant *trois demi-tons, tous* ascendants ou *tous* descendants, dont les *deux extrêmes* sont *diatoniques;* le demi-ton *chromatique* tenant le *milieu.*

§ **412.**—Si l'on ne peut obtenir une telle série de demi-tons, il faut tâcher du moins d'en avoir *deux;* de manière à ce que le *demi-ton chromatique* soit *précédé* ou *suivi* d'un *demi-ton diatonique;* et l'on doit prendre, s'il est possible, l'autre intervalle dans la *direction* qu'aurait le demi-ton qui manque.

EXCEPTION

§ **413.**—Quand la *seconde note du demi-ton chromatique* fait partie de l'accord suivant, elle peut, et doit le plus souvent, *rester immobile.*

EXERCICE

Réaliser les *quatre leçons* qui ont été données aux pages 135 et 136.

N. B. Il sera bon d'*enchaîner* l'un à l'autre les *deux accords* qui sont séparés par une *double-barre,* partout où cela se trouvera dans ces leçons.

§ **414**. — *A* —Dans les modulations qu'on vient de faire, le *ton primitif* est *quitté* sur l'accord de *tonique*, et l'on *aborde* le *nouveau ton* par l'accord de la *dominante* ou par celui du 7ᵐᵉ degré.

Cette manière de moduler est très naturelle: les modulations entre tons voisins ainsi effectuées sont franches et nettes.

B — Mais on peut opérer ces modulations tout autrement: par exemple *quitter* le ton primitif *sur un autre accord* que celui de la tonique.

C — Ou bien, *prendre* le nouveau ton par *un accord autre* que ceux du 5ᵐᵉ ou du 7ᵐᵉ degré; sauf à faire entendre ensuite l'un de ces derniers, pour mieux établir la nouvelle tonalité.

D — Ou enfin *se passer entièrement* des accords de dominante et de note sensible, en les remplaçant par *un ensemble d'autres accords* contenant les notes caractéristiques de la modulation.

REMARQUES

Dans le 1ᵉʳ exemple, les accords parfaits de *sol, mi, si* et *do* forment *un ensemble* qui ne peut appartenir à une autre tonalité que celle de *sol majeur*; dans le 2ᵈ exemple, l'ensemble des accords parfaits de *sol, do* et *fa ♮*, ne pouvant appartenir à une autre tonalité que celle de *do majeur*, déterminent cette nouvelle tonalité.

§ **415**. — Dans toute modulation, ayant, comme les précédentes, pour cause déterminante le *rapport chromatique* qui existe entre certaines notes des deux tonalités qui s'enchaînent, deux cas peuvent se présenter :

1º Celui où *ces notes se succèdent immédiatement* et forment le *demi-ton chromatique*; (exemple B sol sol ♯).

2º Celui où *elles sont séparées* par un ou plusieurs *accords mixtes* (a) et ne produisent pas ce demi-ton. (Exemple C si do si ♭; do {ré sib do♯ sol}).

(a) Accords appartenant, à la fois, à la *tonalité* que l'on *quitte* et à *celle* où l'on *va*, parce qu'ils ne contiennent aucune des notes caractéristiques des deux tonalités.

Dans le 1ᵉʳ cas, on a, seulement, à éviter la *fausse relation d'octave* (§ 406) dans le 2ᵈ cas, il faut se tenir en garde contre les *fausses relations de triton* qui pourraient résulter de certains enchaînements d'accords entre le ton primitif et le nouveau ton.

Pour s'assurer de la correction des modulations opérées de cette 2ᵈᵉ manière, il faut supposer un instant que le *dernier accord mixte* appartient exclusivement au *nouveau ton*; et voir si, dans ce nouveau ton, il s'enchaînerait avec l'accord suivant, sans tomber dans aucun des défauts signalés (§§ 341 et 345)

EXERCICES

Chiffrer les *basses données* suivantes; puis, les réaliser à 4 parties, après vérification des chiffres.

MODULATIONS ENTRE TONS VOISINS
avec emploi d'accords mixtes
(Voir la note qui précède)

MODULATIONS ENTRE TONS VOISINS
en quittant le ton primitif
et en abordant le nouveau ton de diverses manières
(Revoir le § 414 tout entier)

Désigner le degré de la *fondamentale* du *premier* et du *dernier* accord de chaque tonalité, au moyen de *chiffres romains*, pour mieux se rendre compte des *enchaînements modulants*.

CHAPITRE III

MODULATION AUX TONS ÉLOIGNÉS

§ 416.— On nomme *tons éloignés* ceux qui diffèrent entre eux par *plus d'un accident* dans l'armature de la clef, comme par exemple, *do* majeur qui n'a rien et *ré* majeur qui a *deux dièses*, *sol* majeur qui a *un dièse* et *ré* mineur qui a *un bémol*, *do* mineur qui a *trois bémols* et *fa* majeur qui n'en a qu'*un*.

§ 417.— La *modulation* aux *tons éloignés* est, généralement, plus compliquée que celle aux tons voisins.

Cependant, il y a une telle *parenté* entre certains tons *dits éloignés*, que le passage de l'un à l'autre est, pour le moins, aussi facile que celui d'un ton à son voisin le plus direct. Tels sont, par exemple, deux tons de *modes différents* établis sur *une même tonique*, comme *do majeur* et *do mineur*, lesquels ont *trois accidents de différence* dans l'armature de la clef et seulement *deux notes différentielles* dans la structure de leurs gammes, savoir : le *3ᵐᵉ* degré (médiante) note caractéristique *principale*, et le *6ᵐᵉ* degré (sus-dominante), note caractéristique *secondaire importante*.

MODULATION PAR LE CHANGEMENT DE MODE

§ 418.— Il suffit, en effet, pour passer *d'un mode à l'autre*, de transformer *l'accord du 1ᵉʳ degré*, fondamental ou renversé, de *majeur en mineur* ou de *mineur en majeur*, ce qui se fait en *baissant* ou en *haussant* la *tierce* de cet accord (la médiante) d'un *demi-ton chromatique*.

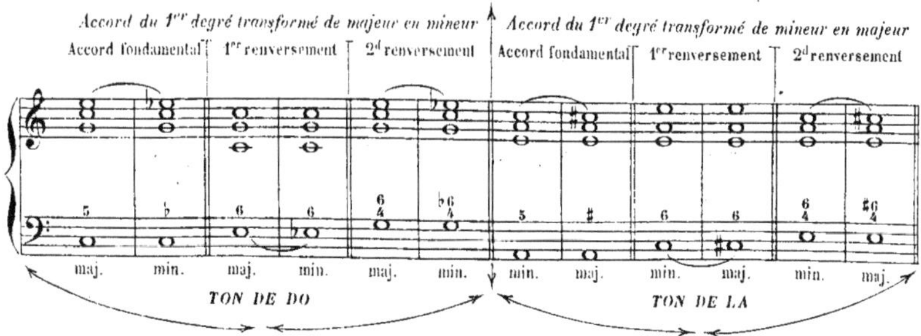

142

Chiffrer la leçon suivante, en ayant le soin d'effectuer tous les *changements de modes* au moyen de l'*accord du 1er degré*, fondamental ou renversé, transformé de *majeur en mineur* ou de *mineur en majeur*, selon le cas. Ce premier travail vérifié, réaliser cette leçon à 4 parties.

AUTRES MANIÈRES D'EFFECTUER LE CHANGEMENT DE MODE DE MAJEUR EN MINEUR

§ 419.—On peut *aborder* le *mode mineur*, après le mode majeur, (même tonique) par *un autre accord* que celui du 1er degré, par exemple, par ceux du 2me et du 4me degré (fondamentaux ou renversés) l'un et l'autre contenant la *sus-dominante*, note *caractéristique secondaire*

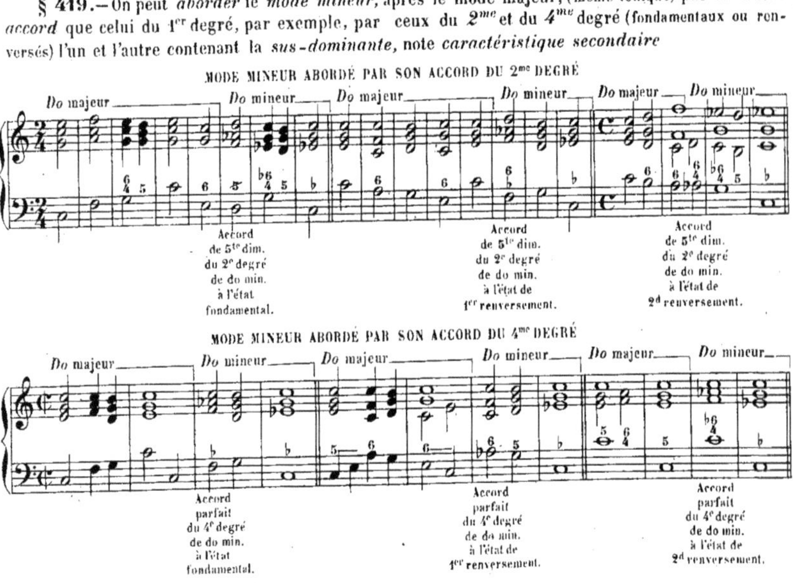

§ 420.—Ou bien encore, par l'accord du 6me degré dont la *fondamentale* est la note *caractéristique secondaire*, et la *quinte*, la note *caractéristique principale*.

§ **421.**—Le *changement de mode de mineur en majeur* ne pourrait se faire ainsi sans une grande *dureté*, à cause de la *fausse relation de triton* que produiraient le *3me degré mineur* et le *6me degré majeur* mis en contact immédiat.

§ **422.**—Néanmoins, après le mode mineur, *on peut aborder le mode majeur* par le *premier renversement de l'accord du 4me degré*, (l'accord de sixte du 6me) et surtout à la suite de *l'accord de dominante*, commun aux deux modes.

Le *changement de mode* des accords ne s'applique pas seulement à ceux dont nous venons de parler; on peut le pratiquer sur un *degré quelconque*, soit pour obtenir une *modulation voisine* ou *éloignée*, soit pour adoucir cette modulation *en la préparant*. (Voir le chapitre sur les altérations §§

EXERCICE

Chiffrer la *basse donnée* suivante, puis la réaliser à 4 parties, après vérification des chiffres.

MODE MINEUR
*abordé tour-à-tour, par les accords du 2me, du 4me ou du 6me degré,
à l'état fondamental ou renversé.*

MODE MAJEUR
abordé par le 1er renversement de l'accord du 4me degré.

DE LA MODULATION PAR L'ÉQUIVOQUE

§ 423.— Chacun des *accords de trois sons* peut appartenir à *plusieurs tonalités*. Ainsi, le *même accord parfait*, qu'il soit *majeur*, qu'il soit *mineur*, peut jouer un rôle dans *cinq tonalités différentes*: trois de mode majeur et *deux* de mode mineur.

L'accord parfait majeur *do mi sol*, par exemple, appartient, à différents titres, aux *5 tonalités* suivantes.

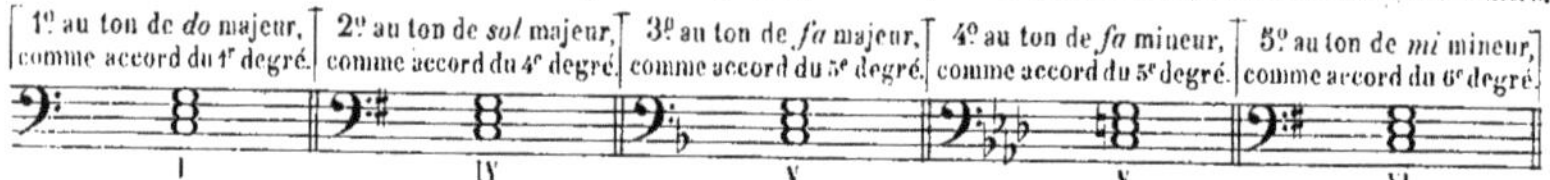

L'accord parfait mineur *ré fa la*, appartient:

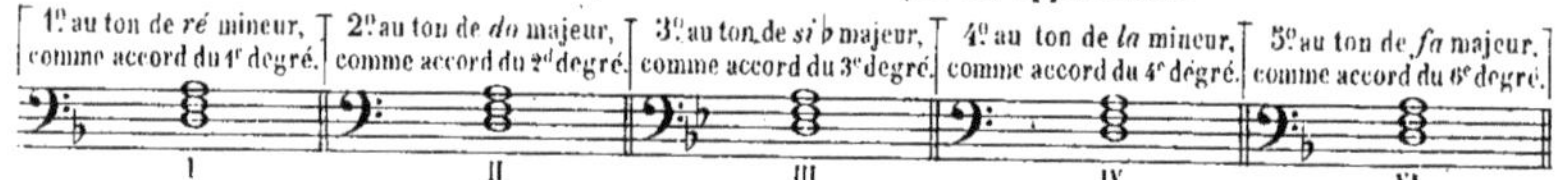

§ 424.— Le *sens multiple* d'un accord permet *d'équivoquer*, c'est-à-dire qu'on peut *lui prêter* une *signification* qu'il n'avait pas tout d'abord, en *l'attribuant* à une tonalité *autre* que celle qui existait au moment de son émission.

Grâce à *cette équivoque*, on peut passer de *l'un à l'autre* quelconque *des tons* auxquels cet accord peut appartenir, et même à *certains voisins* du *ton supposé* par l'équivoque.

MODULATIONS PAR L'ÉQUIVOQUE

§ 425.—On peut se servir, coup-sur-coup, de l'*équivoque* et du *changement de mode* pour obtenir d'autres *modulations éloignées*.

§ 426.—On peut,également, profiter du *sens multiple* que possède l'accórd par lequel on opère le *changement de mode*, pour passer à l'un des *tons voisins* du *nouveau mode*.

§ **427.**—Le *changement de mode* est quelquefois *sous-entendu*.

OBSERVATION

§ **428.**—Les *moyens* dont on dispose pour passer d'un mode à l'autre sont *plus nombreux* pour aller *de majeur en mineur* que de mineur en majeur. (§

Il en résulte que les modulations éloignées *par adjonction de bémols* ou *retranchement de dièses* sont *plus faciles à opérer que celles* qui ont lieu en suivant *l'ordre inverse*.

EXERCICE

Chiffrer la leçon suivante, en se servant principalement de l'*équivoque* comme moyen de modulation. Après vérification des chiffres, la réaliser à 4 parties.

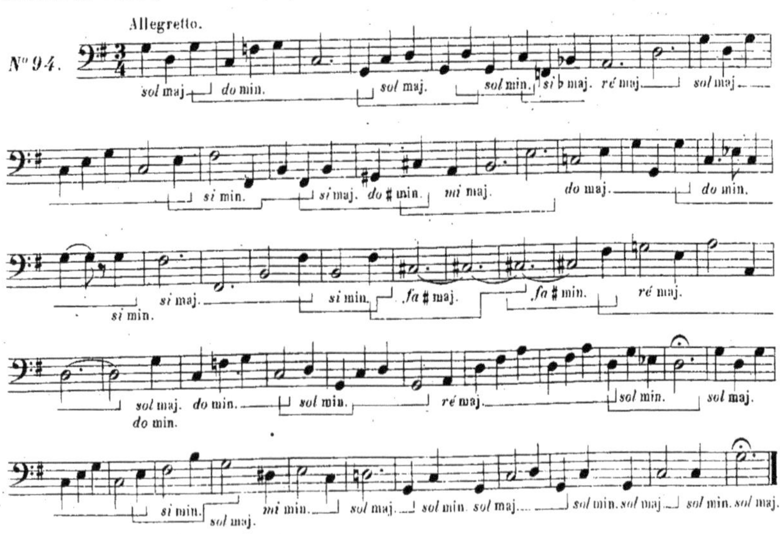

MODULATION PROVOQUÉE PAR L'ACCORD DE QUARTE ET SIXTE
sans préparation

§ 429. — L'accord de *quarte et sixte*, renversement de l'accord parfait majeur ou de l'accord parfait mineur ne se faisant, *sans préparation*, que sur la *dominante*, dans les *formules de cadences* (§   ) il en résulte que *tout accord de quarte et sixte non préparé* s'impose comme 2^d renversement de l'accord de tonique et *appelle une cadence immédiate* inclinant vers cette tonique.

Par cette raison, l'accord de *quarte et sixte* du 5me degré est souvent l'un des bons moyens à employer pour amener *une modulation voisine* ou *éloignée*.

EXERCICE

Chiffrer les leçons suivantes, en se servant principalement de l'accord de *quarte et sixte* du 5me degré pour provoquer les diverses modulations qu'elles contiennent. Après vérification des chiffres, *réaliser* à 4 parties.

De la MODULATION ou du CHANGEMENT de TON par l'ENHARMONIE

§ **430.**—On nomme *enharmonie* le rapport qui existe entre deux notes telles que: *do* ♯ et *ré* ♭, *la* ♭ et *sol* ♯, qui se font sur la même touche au piano et à l'orgue et dont, conséquemment, *l'intonation est la même* sur ces instruments à clavier, bien que, rigoureusement, il dût y avoir entre elles la différence minime d'un comma (environ ⅑ de ton).

Les *notes enharmoniques* sont appelées aussi *notes synonymes*.

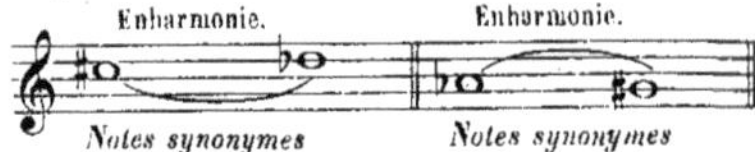

§ **431.**—Il ne peut y avoir *enharmonie* sans qu'il y ait en même temps *changement de ton*.

Quelquefois, l'enharmonie n'a pour but que de substituer, à une tonalité trop chargée de dièses ou de bémols, *sa tonalité synonyme*, comme serait, par exemple, le ton de *si mineur* (2 dièses) substitué à celui de *do* ♭ *mineur* (3 doubles bémols et 4 bémols)

§ **432.**—Dans les *mutations enharmoniques* comme celle de l'exemple précédent, *tous les accords*, ainsi que les notes dont ils se composent, *conservent* dans le ton substitué, *le sens qu'ils auraient eu* dans la tonalité remplacée.

En pareil cas, la modulation proprement dite, *n'est pas le fait de l'enharmonie*.

§ **433.**—Ce n'est que par le *sens équivoque* qu'elle prête à certains accords que *l'enharmonie détermine*, par elle-même, *la modulation*.

Cette *équivoque* par *l'enharmonie* ne pouvant être produite qu'à l'aide des accords *dissonants*, nous n'avons pas à nous en occuper actuellement.

RÉALISATION DES PASSAGES ENHARMONIQUES

§ **434.**—*Un passage enharmonique* présente toujours *une certaine difficulté* d'exécution ou de lecture; et surtout pour les *voix* ou les *instruments autres que ceux à clavier*.

Pour aplanir autant que possible cette difficulté, deux moyens se présentent:

Le premier, consiste à faire l'enharmonie, dans chaque partie où elle est nécessaire, au moment où l'on peut y rencontrer un *intervalle enharmonique peu difficile d'intonation*, sans avoir égard aux changements du même genre qui peuvent se produire dans les autres parties, soit avant soit après.

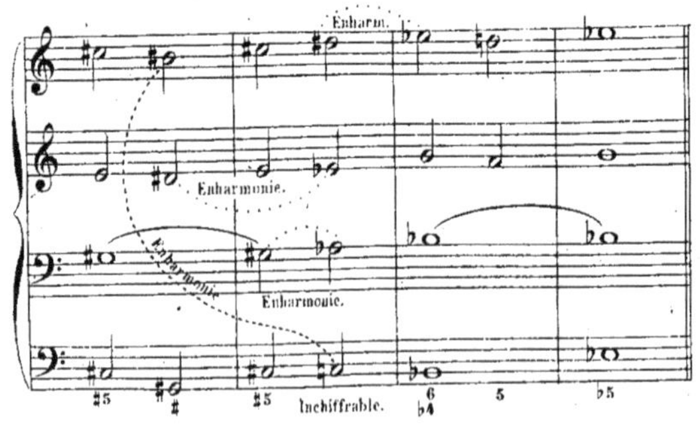

Ce système a l'avantage de rendre *moins difficiles* la lecture et l'exécution de chaque partie prise séparément, mais il a l'inconvénient de présenter à l'œil des *éléments* qui paraissent *hétérogènes*, ce qui nuit beaucoup à la lecture de la partition.

§ 435.—Le *second moyen* consiste à *effectuer simultanément tous ces changements;* en ayant le soin d'accompagner de sa *note synonyme* (écrite en petit caractère et placée entre parenthèses) *l'une des deux notes* qui forment un intervalle enharmonique trop difficile: afin de rendre plus saisissables les rapports qui existent entre ces deux notes.

Pour les études harmoniques on fera bien de se servir, généralement, du système proposé au § 435.

NOTA.— Pour admettre ou rejeter les *intervalles mélodiques* qui peuvent résulter des *changements enharmoniques,* il faut voir ce que *seraient* ces intervalles *sans l'enharmonie.* Ainsi; la *quarte diminuée ré♯-sol♮* des exemples précédents est *admissible* parce qu'elle tient lieu de la *tierce majeure mi♭-sol* (1er ex:) ou *ré♯-fa* × (2me ex:)

Il en est de même de la *tierce diminuée sol♯-si♭* et de la *première sur-augmentée si♯-si♭,* l'une et l'autre remplaçant une *seconde majeure.*

EXERCICE

Réaliser la leçon suivante à quatre parties.

CHAPITRE IV

DE LA MODULATION COMPOSÉE
et des Marches modulantes

§ 436. — Lorsqu'au lieu d'aller, *directement*, du ton primitif à celui qu'on veut atteindre, *on touche*, en passant, à *une* ou *plusieurs tonalités intermédiaires* plus ou moins définies, il y a *MODULATION COMPOSÉE*.

Par la *modulation composée*, on parvient, sans dureté, aux tons les plus éloignés, les plus hétérogènes

MODULATION COMPOSÉE de DO MAJEUR en SOL ♯ MINEUR

MODULATION COMPOSÉE de SOL ♯ MINEUR en DO MAJEUR

§ 437. — La *modulation composée* n'est pas seulement applicable aux tons éloignés, on peut aussi s'en servir pour passer à *un ton voisin*.

MODULATIONS COMPOSÉES

§ 438. — Tous les *procédés* dont on se sert pour opérer les *modulations simples* peuvent être employés dans les *modulations composées*.

L'emploi opportun de tous ces moyens de modulation, ainsi que des combinaisons nombreuses qui peuvent naître de leur mélange, permet de passer plus ou moins rapidement, *d'un ton primitif* quelconque *à tous les autres tons* majeurs ou mineurs.

MODULATIONS CONVERGENTES, MODULATIONS DIVERGENTES

§ 439.—Tout en n'ayant entre elles que des rapports peu sympathiques, *deux tonalités éloignées l'une de l'autre* peuvent se succéder, lorsqu'elles tournent *autour d'une tonalité principale* dont elles sont *voisines* toutes les deux.

§ 440.—*Les modulations* qui résultent de la *convergence* de plusieurs tonalités autour d'une tonalité principale, se nomment *modulations convergentes.*

§ 441.—Les modulations qui *éloignent* de plus en plus du ton primitif sont appelées *modulations divergentes*. (Voir les deux exemples du § 436)

MARCHES MODULANTES

§ 442.—Les *marches modulantes* sont celles qui parcourent *plusieurs tonalités*.

Il y en a de *deux sortes:* les marches à *modulations convergentes* et les marches à *modulations divergentes*.

(Ces dernières offrent un puissant moyen pour moduler aux tons éloignés)

MARCHE A MODULATIONS CONVERGENTES

MARCHE A MODULATIONS DIVERGENTES

§ 443.—On peut se servir des marches à *modulations convergentes* pour moduler à des *tons voisins;* pour cela, il suffit d'*arrêter la marche* en arrivant au point que l'on veut atteindre.

MARCHE A MODULATIONS CONVERGENTES
servant à passer de *do* majeur en *la* mineur.

§ **444.**—*La force d'impulsion* imprimée à la marche par la *symétrie* des progressions permet *certaines modulations immédiates* qui paraitraient dures dans toute autre circonstance.

MODULATIONS IMMÉDIATES

de *do* majeur à *ré* majeur; de *ré* majeur à *mi* majeur, &

(Voir aussi le 2ᵈ exemple du § 442)

EXERCICE

Réaliser les marches d'harmonie suivantes, autant que possible dans *deux positions*, et avec le *nombre de parties* demandé pour chacune d'elles. Désigner les *tonalités* par lesquelles on passe.

A QUATRE PARTIES

MARCHES ASCENDANTES

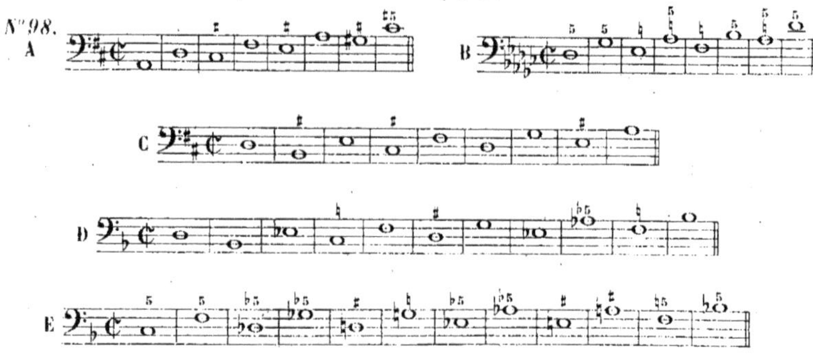

MARCHES DESCENDANTES

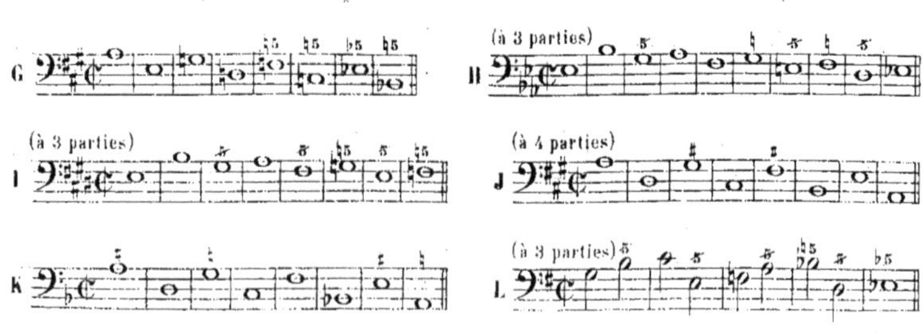

MARCHES ASCENDANTES

MARCHES DESCENDANTES

CHAPITRE VI

DE LA CADENCE ÉVITÉE

§ 447. — Lorsque l'on *substitue* à l'accord de tonique, qui termine la cadence parfaite, un *accord modulant* quelconque, on fait une *CADENCE ÉVITÉE*.

Cet *accord modulant*, qui constitue la *cadence évitée*, est ordinairement, parmi les accords de trois sons, *celui de la dominante* ou *celui du septième degré* de l'un des tons voisins; l'un et l'autre à l'état *fondamental* ou à l'état de *premier renversement*.

EXEMPLES DE CADENCES ÉVITÉES EN DO MAJEUR

EXEMPLES DE CADENCES ÉVITÉES EN LA MINEUR

§ 448. — La *modulation* provoquée par une *cadence évitée* peut n'être que *passagère*; (Voir § 449)

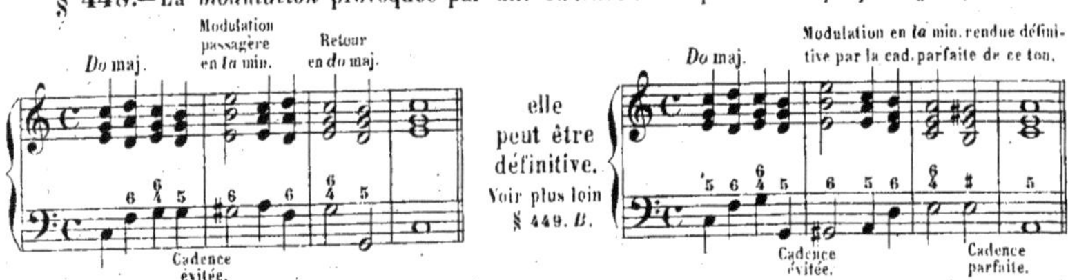

EXERCICE

Désigner toutes *les cadences* contenues dans la leçon suivante, ainsi que les diverses *tonalités* par lesquelles on passe, quelle que soit leur durée. Réaliser ensuite cette leçon à 4 parties.

CHAPITRE VII

DES MODULATIONS PASSAGÈRES
et
DES ACCORDS CHROMATIQUES OU ALTÉRÉS

§ 449.—On a vu (§ 395) comment, par le *rapport chromatique* qui existe entre certaines notes, naturelles dans un ton, diésées ou bémolisées dans un autre, on peut provoquer une modulation.

A. Cette *modulation* est *passagère,* si l'on ne fait qu'effleurer la *nouvelle tonalité,* pour revenir immédiatement à *la première* ou se diriger aussitôt vers *une troisième.*

B. Mais, si l'on s'établit pendant quelque temps dans le nouveau ton, la *modulation* est *définitive* et l'impression de la première tonalité se trouve plus ou moins effacée.

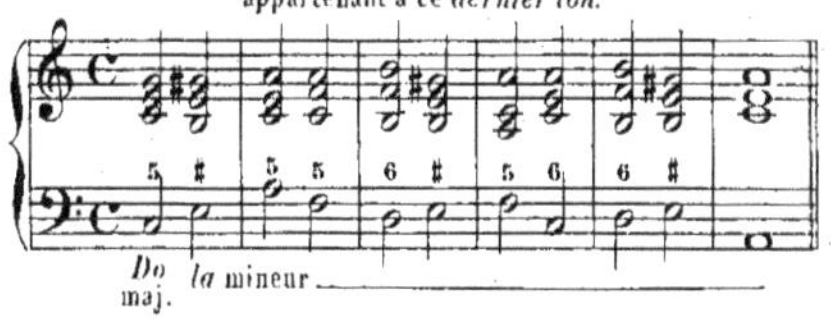

§ 450.—L'ensemble d'une phrase peut conserver *sa tonalité,* tout en contenant *une* ou *plusieurs modulations passagères.*

§ 451.—Ces *modulations passagères* sont même, souvent, plus *apparentes* que *réelles.*

C'est ce qui arrive lorsqu'on ne fait qu'*altérer* une ou *plusieurs* notes des *accords appartenant* à *la tonalité prédominante,* sans changer le *sens tonal* qu'auraient les *mêmes accords non-altérés.*

ALTÉRATIONS SIMPLE, DOUBLE ET TRIPLE

§ 452.—On peut altérer *une, deux* et même *trois* notes des *accords consonants*.

L'*altération* est *simple*, lorsqu'*une seule note* de l'accord est altérée, elle est *double*, lorsqu'elle porte sur *deux notes* de l'accord; et *triple*, lorsqu'elle porte sur ses *trois notes*.

§ 453.—Les accords modifiés par *une* ou *plusieurs altérations* deviennent des *accords chromatiques* et tirent leur origine des *gammes chromatiques ascendantes* et *descendantes* des 2 modes.

§ 454.—*Certaines altérations* dans les accords produisent des *agrégations spéciales* que nous devons négliger, pour le moment, parce que les accords qui en résultent font partie de l'harmonie *dissonante artificielle* qui sera traitée plus tard.

§ 455.—*D'autres altérations*, tout en modifiant les accords dans lesquels elles sont introduites, n'engendrent pas d'*agrégations nouvelles*, mais donnent à ces accords, par elles rendus *chromatiques*, l'apparence d'accords *diatoniques* appartenant à des *tonalités voisines* et, parfois même, à des *tonalités éloignées*.

La *similitude* qui existe entre ces *accords chromatiques* et les *accords diatoniques* d'autres tonalités peut donner lieu à des *équivoques* et faire croire à des *modulations* qui, nous le répétons, sont plus *apparentes* que *réelles*.

En effet, certains accords, employés *chromatiquement* dans un ton, peuvent être *entièrement diatoniques* dans un autre.

C'est une sorte d'*emprunt* fait au *second ton* par le premier; ces accords ne sont donc *chromatiques ou altérés* que par *déplacement*:

§ 456.—*Les accords d'emprunt*, introduits dans une phrase ayant une *tonalité prédominante* bien déterminée, ne détruisent nullement l'*unité tonale*, puisqu'on pourrait, sans changer le sens de ces accords ni de cette phrase, *substituer* aux *notes altérées* les mêmes notes *sans l'altération*.

§ 457.—Les accords *chromatiques* ou *altérés* qu'on peut employer ainsi *sans moduler*, constituent l'*HARMONIE CHROMATIQUE NON-MODULANTE*.

CHAPITRE VIII

DES GAMMES CHROMATIQUES
et des Altérations

§ 458. — Avec la faculté qu'on a d'employer, selon le cas, les *chromatiques ascendantes* ou les *chromatiques descendantes*, pour *partager* en *deux demi-tons* chacun des espaces d'*un ton* que l'on rencontre dans une *gamme diatonique;* on peut faire les *gammes chromatiques* de bien des manières plus ou moins différentes.

GAMMES CHROMATIQUES — MODE MAJEUR

Voici diverses manières de faire la gamme chromatique ascendante
et la gamme chromatique descendante du mode majeur:

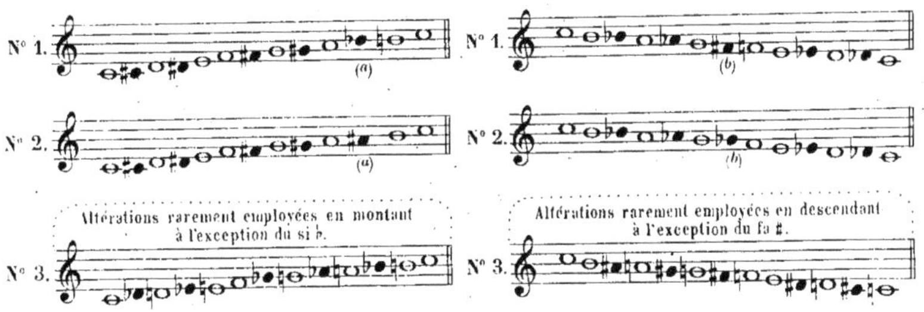

REMARQUES

§ 459. — GAMMES N° 1. — Celles-ci sont *les plus tonales;* parce qu'elles ne contiennent, à l'exception de l'altération descendante du second degré *(ré ♭ en do) que des chromatiques* appartenant comme *notes diatoniques* aux *tons voisins* du *ton principal prédominant* ou à son *homonyme mineur;* ce qui permet d'en *harmoniser* chaque note *sans s'éloigner* de ce ton principal et, conséquemment, sans en effacer l'impression.

§ 460. — GAMMES N° 2. — La *chromatique ascendante* du 6ᵐᵉ degré *(la ♯ en do)* et la *chromatique descendante* du 5ᵐᵉ degré *(sol ♭)* ne trouvent leur emploi harmonique que dans une *double* ou *triple altération* ou dans l'*harmonie dissonante artificielle;* aussi en fait-on peu d'usage.

Au reste, le *ré ♭ (altération descendante* du 2ᵈ degré *en do)* se trouve, à peu près, dans le même cas que le *la ♯* et le *sol ♭.* Mais il ne pourrait être remplacé par le *do ♯*, dans la gamme descendante, sans que la tonalité en souffrit : il est donc inévitable. On peut, d'ailleurs, l'employer dans l'*harmonie chromatique consonante*, en l'accompagnant d'une autre note altérée (le *la ♭*). (Voir les 2ᵐᵉ et 4ᵐᵉ exemples du § 462 ainsi que le 4ᵐᵉ du § 455.)

§ 461. — GAMMES N° 3. — Ces gammes ne peuvent se faire *harmoniquement* qu'à la condition de *moduler* à des tons *fort éloignés,* ce qui fait perdre à *la tonalité principale* sa prédominance, la fait oublier, et détruit conséquemment, *l'unité tonale.*

§ 462. — Il résulte de ces observations: que les gammes N° 1 sont celles sur lesquelles repose, principalement, l'*harmonie chromatique consonante non-modulante* du mode majeur.

Voici ces gammes chromatiques *N° 1,* placées d'abord à la *partie supérieure,* puis à la *basse;* et harmonisées au moyen, seulement, d'accords appartenant à la *tonalité principale,* ou à ses *tons voisins,* ou enfin, à son *homonyme mineur* (sauf l'exception [a]) [b]

[a] Ce ré♭ appartient *comme note diatonique* au ton de *fa mineur* voisin direct de *do mineur* et n'ébranle nullement la tonalité de *do majeur.*

[b] Les *modulations passagères* qui y sont produites par les *accords d'emprunt* sont toutes *convergentes.*

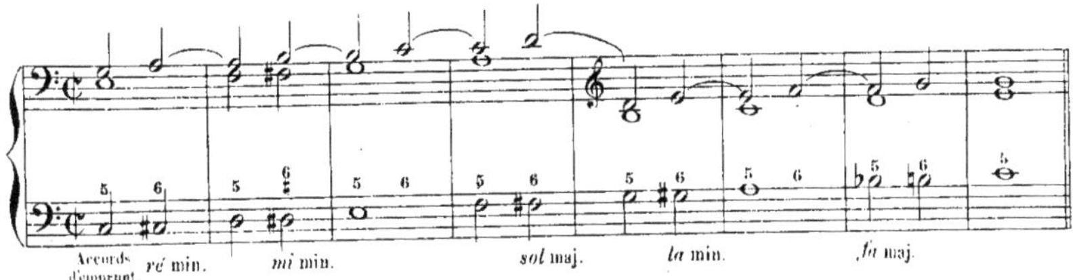

§ 463. — Il est à remarquer: 1° que la *partie supérieure* qui accompagne ces *deux gammes chromatiques*, est *entièrement DIATONIQUE*; 2° que, cette première partie *étant donnée*, on pourrait *supprimer toutes les chromatiques* des autres parties, ce qui aurait pour résultat de rendre *diatoniques* les deux gammes de la basse et de *détruire toute apparence de modulation*.

ALTÉRATIONS SIMPLES
qui, introduites dans les Accords de trois sons du Mode majeur n'engendrent pas d'agrégations spéciales.

Voici les *modifications* qu'on peut apporter à chacun des accords de trois sons du mode majeur, en en *altérant une seule note*, sans que l'altération engendre de nouvelles agrégations.

§ 464. — Les *accords majeurs* des 1er, 4me et 5me degrés deviennent, momentanément, *mineurs* par l'*altération descendante* de leur *tierce*.

GAMME DESCENDANTE N°1.

§ 465. — Les mêmes *accords majeurs* deviennent, passagèrement, des accords de *quinte diminuée* par l'*altération ascendante* de leur *fondamentale*.

GAMME ASCENDANTE N°1.

§ 466. — Les *accords mineurs* des 2me, 3me et 6me degrés deviennent, passagèrement, *majeurs* par l'*altération ascendante* de leur *tierce*.

GAMME ASCENDANTE N°1.

§ **467.**—Les mêmes *accords mineurs* deviennent, momentanément, des accords de *quinte diminuée* par l'*altération descendante* de leur *quinte*.

§ **468.**—L'accord de *quinte diminuée* du 7me degré devient, passagèrement, un accord *parfait mineur* par l'*altération ascendante* de sa *quinte*.

§ **469.**—Le *même accord de quinte diminuée* devient, momentanément, un accord *parfait majeur* par l'*altération descendante* de sa *fondamentale*.

RÉALISATION DES ACCORDS ALTÉRÉS

§ **470.**— En introduisant des *altérations* dans les accords, on doit éviter la *fausse relation chromatique* et la *fausse relation d'octave*.

§ **471.**—Il est de principe que toute *altération supérieure* doit *monter* d'un *demi-ton* et toute *altération inférieure*, *descendre* de la *même quantité*.

Pour les exceptions, voir plus loin (§

§ **472.**—On ne doit pas faire entendre, à la fois, la note *altérée* et la même note *non-altérée*.

Pour les exceptions, voir plus loin (§

EXERCICES

Introduire les altérations désignées, après les avoir préparées (*).Chiffrer les basses.

MODE MAJEUR

(*) *Préparer une altération, c'est faire entendre d'abord la même note non-altérée.*

(*) Si nous employons ici cette *altération dissonante* (qui n'a pas encore été étudiée) c'est qu'elle amène bien ce renversement *peu usité* de l'accord du 6me degré; et que, d'ailleurs, l'élève n'a pas à en trouver l'emploi, puisque nous la lui donnons toute écrite.

A.L.6501.

GAMMES CHROMATIQUES. — MODE MINEUR

Voici deux manières de faire la gamme chromatique ascendante
et la gamme chromatique descendante du mode mineur[*]

REMARQUES

§ 473. — GAMMES N° 1. — Celles-ci sont les *plus tonales,* parce qu'elles ne contiennent que des *chromatiques* appartenant comme *notes diatoniques* aux *tons voisins* du *ton principal prédominant* ou à son *homonyme majeur,* ce qui permet d'en harmoniser chaque note sans s'éloigner de ce ton principal, et conséquemment, sans en effacer l'impression.

§ 474. — GAMMES N° 2. — La chromatique ascendante *la* ♯ et la chromatique descendante *mi* ♭ n'appartiennent, comme notes diatoniques, à aucune tonalité ayant une parenté quelconque avec le ton principal *la mineur.*

La première ne trouve son emploi que dans une *double altération ascendante* ou dans l'*harmonie dissonante artificielle.*

L'emploi de la deuxième exige une *modulation éloignée* ou une *triple altération* descendante.

Il résulte de ces observations: que les gammes N° 1 sont celles sur lesquelles repose principalement l'*harmonie chromatique consonante non-modulante* du mode mineur.

Voici les deux gammes chromatiques N° 1, placées d'abord à la *partie supérieure,* puis à la basse, et harmonisées au moyen, seulement, d'accords appartenant à la *tonalité principale,* ou à ses *tons voisins,* ou enfin, à son *homonyme majeur.*

GAMME CHROMATIQUE ASCENDANTE N° 1.
en *la* mineur.

[*] Il est bon d'observer que *deux notes chromatiques* sont nécessaires entre le 6me et le 7me degré du mode mineur, pour procéder de l'un à l'autre par *demi-tons.*

ALTÉRATIONS SIMPLES

qui, introduites dans les Accords de trois sons du Mode mineur n'engendrent pas d'agrégations spéciales.

§ 475. — Les *accords mineurs* du 1er et du 4me degré deviennent passagèrement *majeurs*, par l'*altération ascendante* de leur *tierce*.

§ 476. — L'*accord parfait majeur* du 5me degré devient momentanément *mineur* par l'*altération descendante* de sa *tierce*.

§ **477.**— L'accord *parfait majeur* du 6me degré devient, momentanément, un *accord. de quinte diminuée*, par *l'altération ascendante* de sa *fondamentale*.

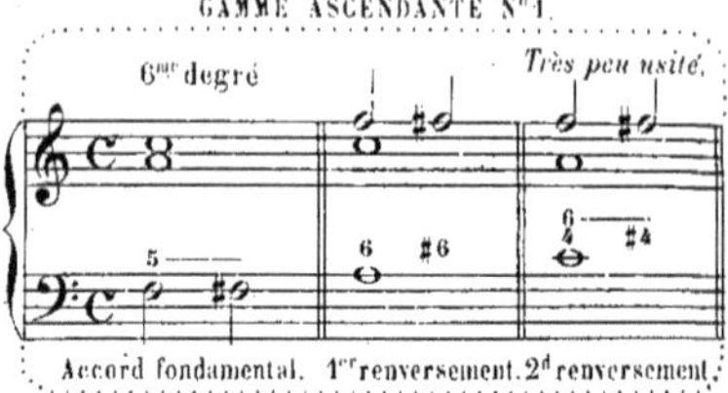

§ **478.**— Les accords de *quinte diminuée* du 2me et du 7me degré deviennent, passagèrement, des accords *parfaits mineurs*, par *l'altération ascendante* de leur *quinte*.

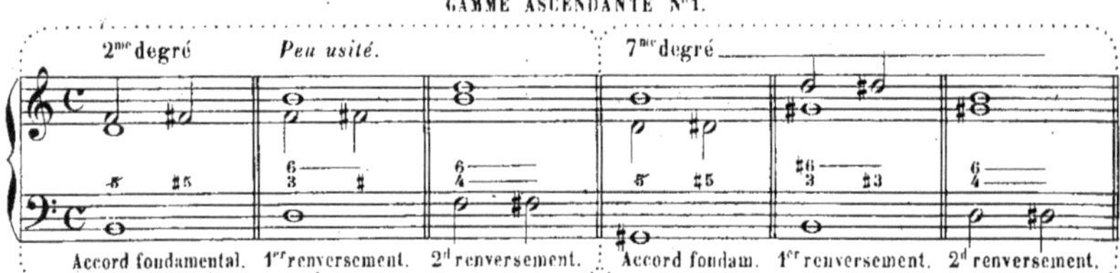

§ **479.**— Les mêmes accords de *quinte diminuée* deviennent, momentanément, des accords *parfaits majeurs*, par *l'altération descendante* de leur *fondamentale*.

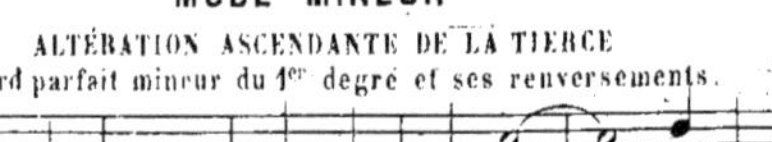

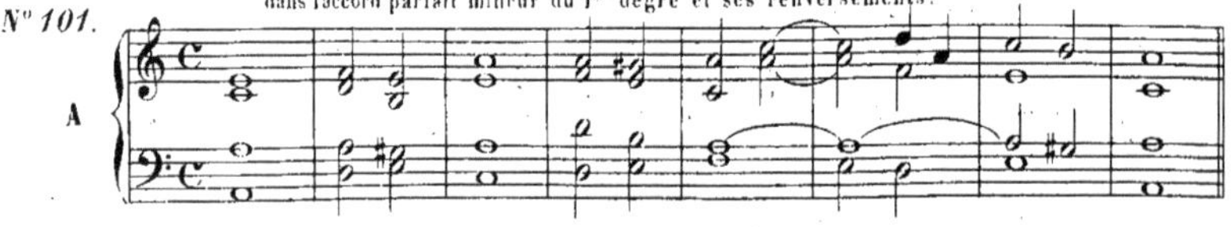

EXERCICES

Introduire les altérations désignées, après les avoir préparées. Chiffrer les basses.

MODE MINEUR

ALTÉRATION ASCENDANTE DE LA TIERCE
dans l'accord parfait mineur du 1er degré et ses renversements.

N° 101.

ALTÉRATION DESCENDANTE DE LA TIERCE
dans l'accord parfait majeur du 5e degré et ses renversements.

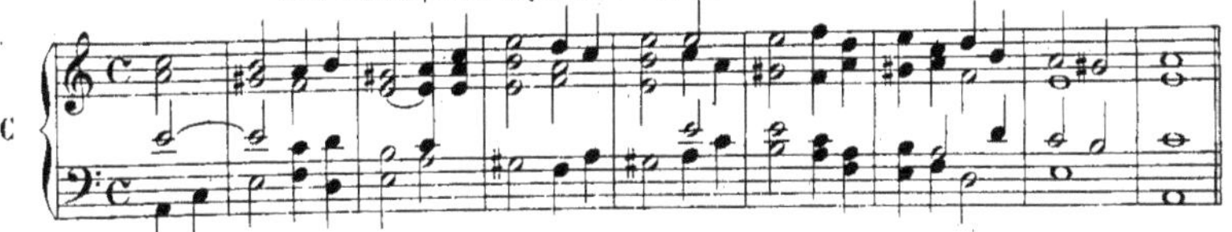

ALTÉRATION ASCENDANTE DE LA FONDAMENTALE
dans l'accord parfait majeur du 6e degré et ses renversements.

ALTÉRATION ASCENDANTE DE LA QUINTE
dans l'accord de quinte diminuée du 2e degré et ses renversements.

ALTÉRATION ASCENDANTE DE LA QUINTE
dans l'accord de quinte diminuée du 7e degré et ses renversements.

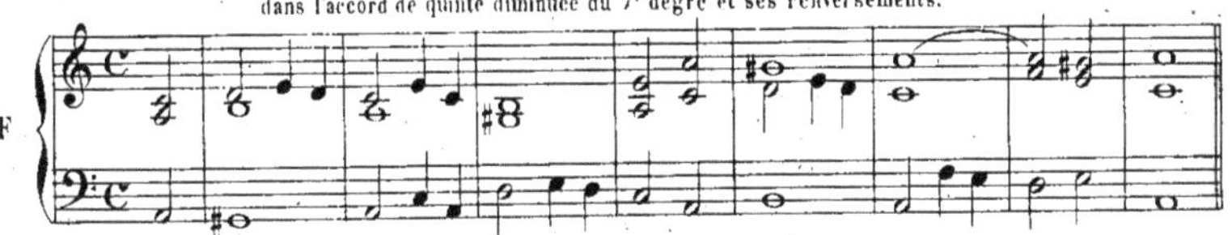

ALTÉRATION DESCENDANTE DE LA FONDAMENTALE
dans l'accord de quinte diminuée du 2e degré et ses renversements.

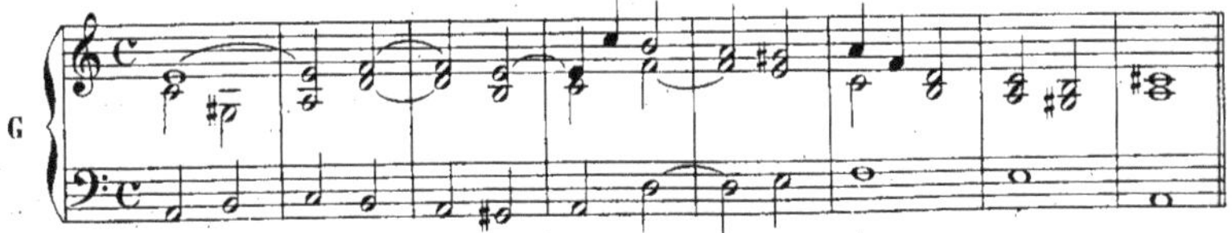

ALTÉRATION DESCENDANTE DE LA FONDAMENTALE
dans l'accord de quinte diminuée du 7e degré et ses renversements.

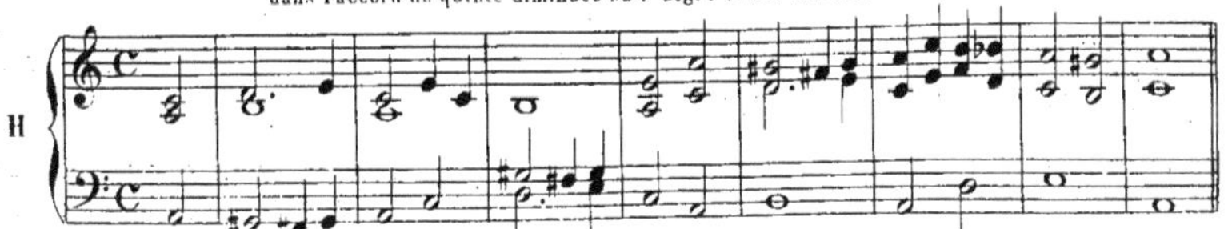

ALTÉRATIONS DOUBLES ET TRIPLES
qui, tout en modifiant les Accords de trois sons de l'un ou l'autre mode n'engendrent point d'agrégations spéciales et n'obligent point à moduler

§ 480. — La plupart de ces *altérations simultanées* ne peuvent se pratiquer, dans les accords de trois sons qu'à l'état de *1er renversement*.

Elles marchent toutes par le mouvement direct, en *tierces mineures, sixtes majeures* ou *quartes justes*. Il en est quelques-unes qui obligent à *effleurer* des tonalités voisines.

MODE MAJEUR

ALTÉRATIONS ASCENDANTES DOUBLES

ALTÉRATIONS DESCENDANTES DOUBLES

ALTÉRATION ASCENDANTE TRIPLE   ALTÉRATION DESCENDANTE TRIPLE

MODE MINEUR

ALTÉRATIONS ASCENDANTES DOUBLES

REMARQUE

Par ces 3 derniers exemples, on voit que l'altération ascendante du 6me degré (fa ♯) accompagnant l'altération ascendante du 4me degré (ré ♯) n'est pas tenue de monter d'un demi-ton: elle peut monter ou descendre d'un ton ou procéder par degrés disjoints. Elle est mieux placée dans une partie intermédiaire qu'à la partie supérieure.

ALTÉRATIONS DESCENDANTES DOUBLES

ALTÉRATION ASCENDANTE TRIPLE   ALTÉRATION DESCENDANTE TRIPLE

(*) Cette *altération descendante du 4me degré* est rarement pratiquée; elle n'existe ni dans l'une ni dans l'autre de nos gammes chromatiques mineures. C'est un *emprunt* fait à la gamme chromatique descendante *du relatif majeur*.

(**) Il n'est pas inutile de rappeler ici, que, pour obtenir les *gammes chromatiques* ascendante et descendante du *mode mineur*, on est obligé d'employer l'altération ascendante du 6me degré et l'altération descendante du 7me; c'est-à-dire, deux altérations de suite.

Les *accords consonants* obtenus au moyen de ces altérations, sont, pour la plupart, *empruntés à l'une des gammes chromatiques du ton relatif majeur*. (Voir page

A.L.6501.

DES ALTÉRATIONS QUI AIDENT OU OBLIGENT À MODULER

§ 481.— S'il est vrai que *certaines altérations* n'obligent point à moduler; il n'est pas moins vrai que *ces mêmes altérations* peuvent aider puissamment à amener certains changements de tons et qu'*il en est*, même, qui provoquent forcément une modulation.

Telles sont les *altérations descendantes* de la *tierce* et de la *quinte* dans l'accord parfait de la tonique *(mode majeur)* ainsi que l'*altération descendante* de la *quinte* dans le même accord *(mode mineur)*; lesquelles provoquent la modulation à la *seconde majeure inférieure*, le mode du *nouveau ton* pouvant être indifféremment *majeur ou mineur*.

MODULATIONS A LA SECONDE MAJEURE INFÉRIEURE
provoquées par les *altérations* ci-dessus mentionnées.

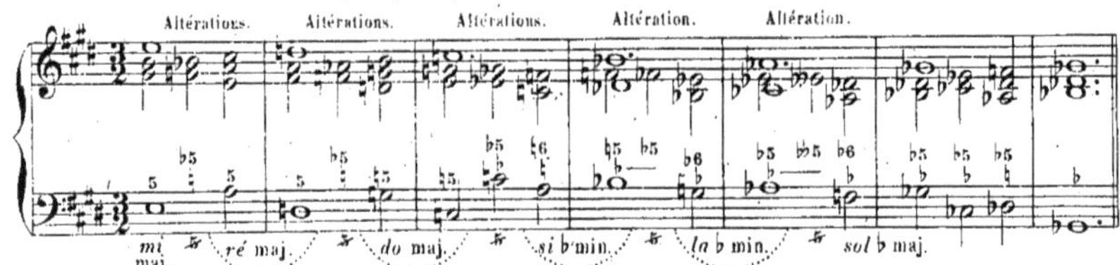

EXERCICE
Introduire les altérations désignées. Chiffrer les basses.

MODE MAJEUR

MODE MINEUR

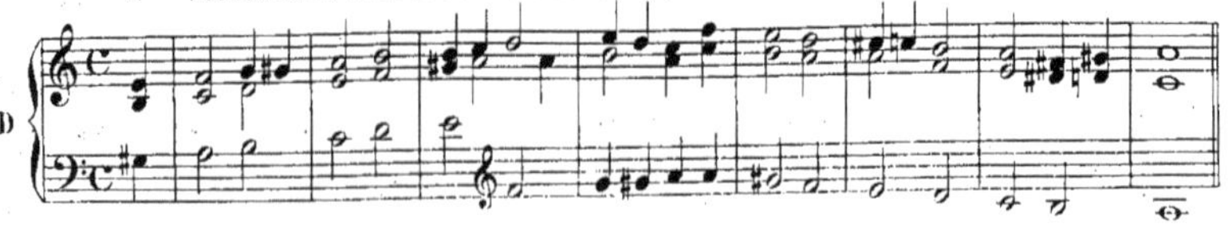

CHAPITRE IX

DES ALTÉRATIONS NON-PRÉPARÉES

GAMME DIATONIQUE MINEURE SECONDE FORME

§ 482.—Toutes les altérations qui ont été données jusqu'ici étaient préparées; (c'est-à-dire que *chaque note altérée était précédée de la même note non-altérée.*)

Employées ainsi, les altérations ne sont, en quelque sorte, que des *notes de passage chro-matiques* partageant *le ton* en *deux demi-tons.* (Voir plus loin § 511)

Mais, certaines d'entre elles peuvent être *attaquées sans préparation;* et, bien que, dans ce cas, le *demi-ton chromatique* ne soit point pratiqué *mélodiquement*, les accords qui contiennent ces altérations n'en sont pas moins des *accords chromatiques;* puisqu'ils renferment une ou plusieurs notes *étrangères à la gamme diatonique* du ton *existant.*

ALTÉRATIONS ATTAQUÉES SANS PRÉPARATION.

§ 483.—Si, cependant, ces notes *étrangères à la tonalité prédominante* l'ébranlaient au point de déterminer une modulation bien accusée, on devrait les considérer comme appartenant *diatoniquement* à la *nouvelle tonalité;* et les accords qui les contiennent seraient eux-mêmes envisagés comme *accords diatoniques.*

DO MAJEUR, TON PRINCIPAL PRÉDOMINANT
Modulations passagères en *sol* majeur et *ré* mineur.

§ 484.—S'il y avait doute sur la *réalité* de la modulation, les *accords* contenant une ou *plusieurs notes étrangères* à la tonalité prédominante seraient traités, dans tous les cas, comme *accords d'emprunt.* (§§ 455-456)

§ 485.—La fréquence de l'emploi, sans préparation, de l'altération *ascendante* du 6me degré et de l'altération *descendante* du 7mr, dans le mode mineur, a donné naissance à la *gamme diatonique mineure 2de forme;* laquelle, bien qu'entachée de *chromatisme*, est cependant considérée comme étant *diatonique,* parce que le *diatonique y domine.*

Voici la gamme diatonique mineure sous ses deux formes:

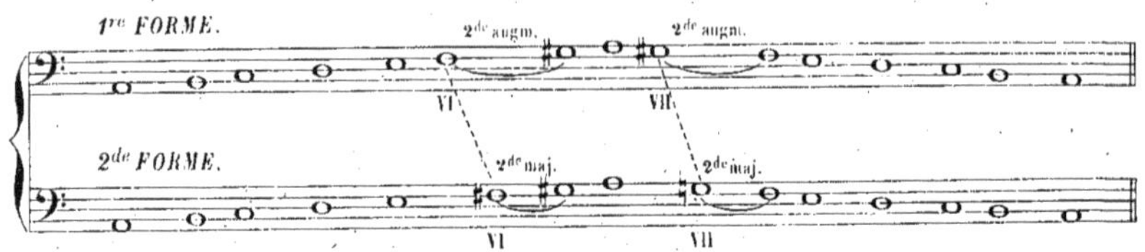

OBSERVATIONS

Les *cinq premiers degrés* de ces deux gammes sont identiquement *semblables*, tant en descendant qu'en montant.

La gamme *ascendante* 2de forme ne diffère de la 1re que par son 6me degré *haussé*; la gamme *descendante* 2de forme, n'en diffère que par son 7me degré *baissé*.

Ces modifications ont pour but: 1° de faciliter l'*enchaînement mélodique* du 6me au 7me degré *et vice versa*, en substituant l'intervalle de *seconde majeure* à celui de *seconde augmentée* qui se trouve entre ces degrés dans la gamme mineure *1re forme;* 2° de corriger la défectuosité d'*autres intervalles mélodiques* fournis par la gamme mineure *1re forme:* tels, par exemple, que celui de *quinte augmentée* entre le 3me et le 7me degré; 3° de permettre *certaines progressions symétriques* soit *ascendantes*, soit surtout *descendantes*, qui seraient impraticables avec la première gamme, à cause des intervalles défectueux qu'elles produiraient, tant au point de vue *harmonique* qu'au point de vue *mélodique*. (Comparez les enchaînements d'accords *A.B.C.D.* des deux marches suivantes.) Une *marche unitonique* de quelque étendue ne pourrait se faire, en mineur, sans le secours de la gamme descendante 2de forme.

Au reste, cette 2de *forme* de la gamme mineure n'entraîne pas l'exclusion de la *1re*, qui est indispensable comme donnant la véritable expression du mode; elle en est plutôt le *complément* et ne se présente qu'accidentellement. (Voir les 4 dernières mesures du 2d exemple.)

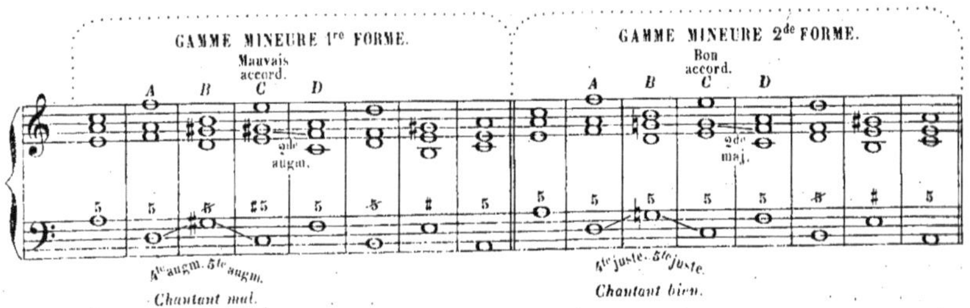

DE L'USAGE QU'ON PEUT FAIRE DU 6me DEGRÉ HAUSSÉ ET DU 7me DEGRÉ BAISSÉ
DE LA GAMME MINEURE

§ 486.— Le *6me degré haussé* doit toujours faire partie d'une *série ascendante* procédant, le plus souvent, par *degrés conjoints;* mais parfois, pourtant, par *degrés disjoints*. Il doit y être suivi de la *note sensible* à laquelle doit succéder la *tonique,* soit immédiatement, soit presque aussitôt, comme dans les exemples suivants:

§ **487.**—Le *7me degré baissé* doit presque toujours faire partie d'une *série descendante* procédant, soit par *degrés conjoints*, soit par *degrés disjoints*.

§ **488.**—*EXCEPTION*.—Il arrive quelquefois, mais rarement, qu'on fait, *en montant*, le *7me degré baissé*, pour obtenir une *meilleure harmonie*.

DES ACCORDS CONSONANTS

dont on peut accompagner le *6me degré haussé* et le *7me degré baissé* du mode mineur.

§ **489.**—Placé à la *basse*, le *6me degré haussé* peut porter :

1° Un accord de *quinte diminuée* 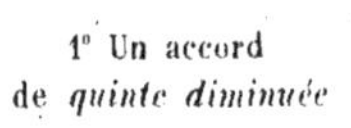 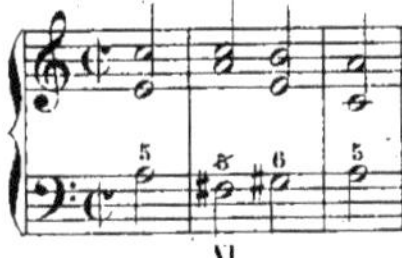

2° Un accord de *tierce* et *sixte* mineures 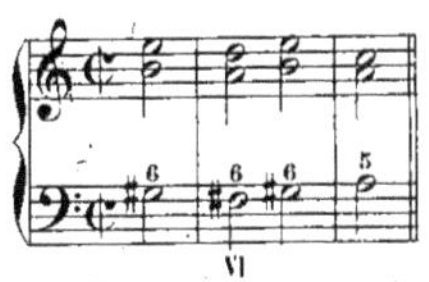

3° Un accord de *tierce* mineure et *sixte majeure*, celle-ci résultant de *l'altération ascendante* du *4me* degré. 

§ **490.**—Placé à l'une des *parties supérieures*, le *6me degré haussé* peut être accompagné :

1° De la *tonique* portant un accord de *tierce mineure et sixte majeure* 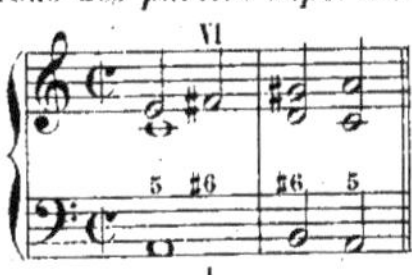

2° De la *médiante* portant un accord de *quarte augmentée et sixte* 

3° De l'*altération ascendante* du *4me* degré portant un accord de *quinte diminuée* 

ou un accord de *sixte* 

4° Du *4me degré non-altéré* portant un *accord parfait* rendu *majeur* par l'élévation du *6me degré*. 

§ 491.—Placé à la *basse*, le *7ᵐᵉ degré baissé* peut porter:

1° L'accord
de *sixte*.

2° Un accord
de *quarte et
sixte de passage.*

3° Un accord
parfait majeur.

§ 492.—Placé à l'une quelconque des *parties supérieures*, le *7ᵐᵉ degré baissé* peut s'accompagner:

1° Du *5ᵐᵉ degré*
portant un *accord
parfait* rendu *mineur*
par l'*abaissement*
même de ce 7ᵐᵉ degré.

2° Du *3ᵐᵉ degré*
portant un *accord
parfait majeur.*

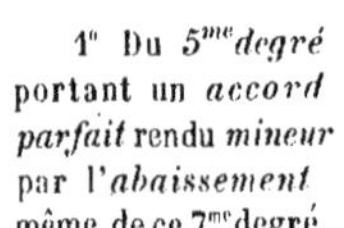
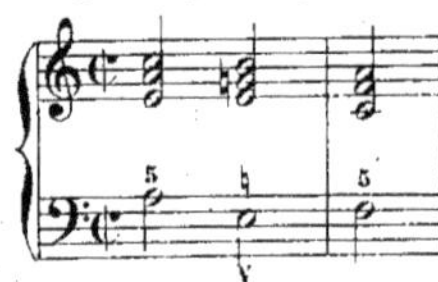
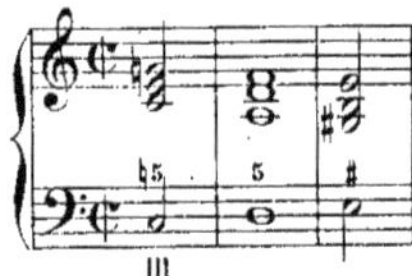

S'il se trouve à la *1ʳᵉ partie*, on peut encore l'accompagner du 2ᵈ degré portant un
accord de *sixte mineure.*

S'il occupe une *partie intermédiaire*, il peut être accompagné d'un accord *semblable au précédent* placé sur le
5ᵐᵉ degré.

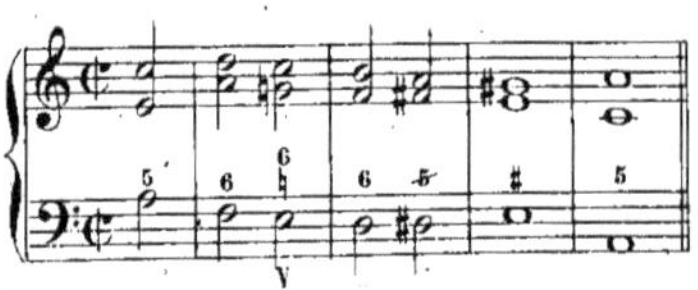

§ 493.—*OBSERVATIONS.*—Avec le *mode mineur 1ʳᵉ forme* seulement, le *3ᵐᵉ degré* était
sans accord consonant fondamental, le *5ᵐᵉ degré*, sans premier renversement consonant (§
grâce à la *gamme mineure 2ᵈᵉ forme*, ces lacunes se trouvent comblées.

§ 494.—Les *accords* dont fait partie le *7ᵐᵉ degré baissé* peuvent être assimilés aux *accords semblables* qui se trouvent dans le *ton majeur relatif*: ils peuvent être considérés comme
lui étant *empruntés*; ils sont assujétis aux *mêmes lois de succession* que si l'on était réellement
dans ce ton majeur.

Accord parfait du 3ᵉ degré de *do maj.*
emprunté par *la* min. pour son 5ᵉ degré.

Accord parfait du 1ᵉʳ degré de *do maj.*
emprunté par *la* min. pour son 3ᵉ degré.

Accord de 6ᵗᵉ du 7ᵉ degré de *do maj.*
emprunté par *la* min. pour son 2ᵈ degré.

Vᵉ degré
de *la* min.

IIIᵉ degré
de *do* maj.

IIIᵉ degré
de *la* min.

1ᵉʳ degré
de *do* maj.

IIᵉ degré
de *la* min.

VIIᵉ degré
de *do* maj.

EXERCICES

Réaliser les leçons suivantes avec le nombre de parties indiqué en tête de chacune d'elles.

Désigner les *tonalités* des *accords d'emprunt;* et écrire, au-dessous de chaque *accord altéré,* le même accord *sans altération,* en accompagnant celui-ci du mot *impraticable,* s'il y a lieu.

CHAPITRE X

DES CHANGEMENTS DE TON
et des Liaisons Mélodiques

CHANGEMENTS DE TON

§ 495.—Lorsqu'on *attaque* une phrase dans un *autre ton* que celui de la phrase précédente, *sans établir aucune liaison* entre les accords limitrophes des deux tonalités; ce n'est plus ce qu'on appelle moduler; c'est, simplement, *changer de ton*.

On peut employer ce procédé pour passer, soit *d'une phrase à l'autre*, soit *d'un membre de phrase au membre suivant;* mais, c'est principalement *à la suite d'une période* que l'on *attaque* ainsi un *nouveau ton*, sans le lier aucunement avec le ton qui le précède.

Pour cela, il est nécessaire que les *deux tons* qui se succèdent aient entre eux quelque affinité: s'ils ne sont ni *voisins* ni *homonymes* l'un de l'autre, il faut pouvoir leur attribuer *une parenté commune* avec un troisième ton *sous-entendu;* ou, tout au moins, *que les accords mis en contact* d'une tonalité à l'autre soient dans des rapports de *bonne succession*, comme le sont, par exemple, *ceux des enchaînements* qui ont été donnés pour effectuer les *modulations aux tons éloignés*.

(Revoir les §§ **418** à **420** sur le *changement de mode;* les §§ **423** à **425** et le § **427** sur *l'équivoque;* et les §§ **430** et suivants sur *l'enharmonie*).

§ 496.—Un *changement de ton* est généralement *doux* dans les cas suivants:

1° Lorsque les *accords limitrophes* des deux tonalités ont *une note commune* et que leur succession permet de procéder par *demi-tons* (l'un diatonique, l'autre chromatique) dans *deux parties à la fois*.

2° Quand on peut procéder par *demi-tons diatoniques* (tous ascendants ou tous descendants) dans *trois parties à la fois;* en évitant, bien entendu, les *quintes* et les *octaves consécutives*.

Tels sont les changements de ton suivants:

A.—*Ton primitif majeur* quitté sur l'accord de *tonique*.

N.B.—Ces tons ont *quatre altérations* de différence dans l'armature de la clef.

B.—*Ton primitif majeur* quitté sur l'accord de *dominante*.

C.— *Ton primitif majeur* quitté sur l'accord de *tonique*.

Ton majeur placé
à la *seconde mineure supérieure.*

Ce ton a *cinq bémols en plus* ou *cinq dièses en moins*
que le ton primitif.

Ton majeur placé
à la *seconde mineure inférieure.*

Ce ton a *cinq dièses en plus* ou *cinq bémols en moins*
que le ton primitif.

§ **497.**—Quant aux *changements de ton* dont le point de départ est en *mode mineur*, s'ils n'ont pas lieu entre *tons voisins* ou *homonymes*, ils se font presque toujours à l'aide de *l'équivoque.*

Parmi ces *changements de ton*, l'un des plus naturels est celui qui a lieu au *ton majeur* placé à la *quinte juste supérieure* du *ton mineur primitif*; c'est-à-dire au ton de *sa dominante* (mode majeur.)

D.—*Ton primitif mineur*
quitté sur l'accord de *tonique.*

Ton primitif mineur
quitté sur l'accord de *dominante.*

Ton majeur placé à la quinte juste supérieure.

§ **498.**—Certains changements de ton sont rendus meilleurs par l'emploi de l'un des moyens suivants:

1° **Enchaînement se présentant sans forme de progression** (§ 444)

2° *Enchaînement chromatique* (deux ou trois parties procédant par *demi-tons.*)

§ **499.**—*Deux toniques* dont les accords produiraient l'*une des fausses relations de triton* défendues (§§ 341 et 345) ne pourraient être attaquées coup-sur-coup sans une grande dureté.

E. — Mauvais enchaînements de tons.

(Ces tons ont *deux accidents* de différence dans l'armature de la clef.)

OBSERVATIONS

§ **500.**—Il est à remarquer que les *tons* qui ont *le plus de rapports sympathiques*, après les tons voisins et les homonymes, diffèrent généralement de *trois, cinq* ou surtout de *quatre* accidents dans l'armature de la clef (Voir les exemples *A. B. C. D.* ci-dessus;) et qu'au contraire, *ceux* qui ne diffèrent que de *deux accidents* ou qui en ont *six* de différence sont *les plus antipathiques* (Voir les exemples *E* qui précèdent)

LIAISONS MÉLODIQUES

§ **501.**—Une *liaison mélodique* est une sorte de *trait-d'union* qu'on établit *entre deux phrases* ou *deux membres de phrase*.

A.—Cette *liaison* peut n'avoir d'autre but que celui de donner du *mouvement*, de *combler un vide*, alors qu'une tenue d'accord ou un silence dans toutes les parties pourraient paraître *froids*.

PHRASE UNITONIQUE SANS LIAISONS MÉLODIQUES

MÊME PHRASE AVEC LIAISONS MÉLODIQUES

B. – Mais, placé entre deux phrases de *tonalités différentes*, la *liaison mélodique* peut, en outre, aider à amener le nouveau ton, en faisant oublier, plus ou moins, le ton primitif.

(*) Des *suites d'octaves* comme celles-ci sont *admises;* parce que l'une des parties en *octaves* ne sert qu'à *renforcer* l'autre en la *redoublant*, de telle sorte que ces *deux parties* semblent n'en faire *qu'une.*

CHAPITRE XI

Des BASSES et des CHANTS DONNÉS MODULANTS
dont on doit trouver l'harmonie

§ 502.—Dans les leçons *modulantes*, après avoir reconnu le *ton principal,* (celui par lequel commence et finit le morceau) (*) il convient de rechercher, tout d'abord, les *diverses tonalités* auxquelles peuvent appartenir les différents passages de la *partie donnée*.

Celle-ci ne contenant pas toujours les *notes caractéristiques* de chaque modulation, c'est à l'instinct musical, au sentiment de la tonalité, qu'il appartient de la reconnaître.

D'ailleurs, si, parmi les *modulations* auxquelles peut se prêter la *partie donnée,* il en est d'*indispensables,* d'autres ne sont, parfois, que *facultatives*. L'emploi de *ces dernières* est subordonné au caractère du morceau.

§ 503.—Il est des *phrases mélodiques* qui, n'ayant point par elles-mêmes de *signification tonale* bien déterminée, peuvent appartenir à *plusieurs tonalités* : elles sont donc susceptibles d'être interprétées de différentes manières : c'est souvent une affaire de goût ou de fantaisie.

CHANT DONNÉ
pouvant appartenir aux tons de *fa* majeur, *do* majeur et *la* mineur.

Cependant, si une phrase de ce genre se présentait au *début du morceau,* elle serait, nécessairement, considérée comme appartenant au *ton principal*. Il en serait de même si elle servait de *phrase finale*.

FRAGMENTS DE GAMMES CHROMATIQUES

§ 504.— Des passages comme ceux-ci :

peuvent être traités en *marches modulantes;*

<hr>

(*) Un morceau doit toujours *commencer et finir dans le même ton*. Quant au *mode,* celui de la fin peut n'être pas celui du début : ainsi, l'on *finit* souvent en *majeur* un morceau *commencé* en *mineur*. Le contraire se fait aussi, mais plus *rarement*.

Mais on peut, préférablement, les considérer comme des *fragments de gammes chromatiques* n'exigeant *aucune symétrie*.

BASSES ET CHANTS DONNÉS MODULANTS

(En trouver *l'harmonie* et les *réaliser* à *quatre parties*, à moins d'indication contraire.)

Allegro molto.

Nº 110.

Andantino religioso.

Nº 111.

Allegro.

Nº 112.

Presto.

Nº 113.

(*) Le zéro indique qu'il ne faut pas d'accord sur les notes *mi, ré, do.*

A.L.6501.

Larghetto.
Nº 114.
mf Sostenuto.
A TROIS PARTIES
Moderato.
Nº 115.
(B.C.S.)
mf e legato.
p
Presto.
Nº 116.
f
p
p
Cresc.
f
Moderato.
Nº 117.
Dolce e legato.
Allegro moderato.
Legato.
A TROIS PARTIES
Nº 118.
p e cresc.
Decresc.
p e cresc.
Allegro.
Nº 119.
p e legato.
Cresc.
f
Cresc.
Decresc.
f
A.L.6501.

DES NOTES ESSENTIELLEMENT MÉLODIQUES
ÉTRANGÈRES A L'HARMONIE

NOTIONS GÉNÉRALES

§ **505.**—Dans la composition d'une partie mélodique quelconque, on peut introduire des *notes étrangères aux accords employés*.

En général, on n'indique point ces *notes étrangères* dans le chiffrage, à moins qu'elles ne forment, par leur combinaison avec les notes *intégrantes* ou *essentielles* de l'harmonie (*) des agrégations semblables à celles de certains accords

§ **506.**—On compte *six* espèces de *notes* purement *mélodiques*; savoir:

1° La *note de passage;* – 2° la *broderie;* – 3° *l'appoggiature;* – 4° *l'échappée;* – 5° *l'anticipation;* – 6° la *syncope*.

CHAPITRE I

NOTES DE PASSAGE

§ **507.**—On nomme *note de passage,* toute note étrangère à l'harmonie, qui, placée *entre deux notes essentielles*, sert à *remplir,* diatoniquement ou chromatiquement, *l'intervalle* qui sépare *ces deux notes,* de manière à conduire de l'une à l'autre par *degrés conjoints* ou par *demi-tons*.

(Nous indiquons les notes *de passage* par la lettre P.)

§ **508.**—Une *note de passage* doit toujours être en *rapport conjoint* avec la *note* qui la *précède* et avec *celle* qui la *suit*.

§ **509.**—Pour remplir *diatoniquement* un intervalle de *tierce,* il ne faut qu'*une note de passage;* pour un intervalle de *quarte,* il en faut *deux*.

(*) Les notes qui font partie des accords employés sont appelées *notes réelles, notes essentielles* ou *notes intégrantes*.

§ **510.**—En procédant par *demi-tons* on peut faire *trois, quatre* ou *cinq notes de passage* consécutives: les unes *diatoniques*, les autres *chromatiques*.

§ **511.**—Mais ces *notes de passage chromatiques* conviennent peu au genre *scolastique élémentaire*, à moins qu'elles ne produisent, dans les accords, des *altérations* analogues à celles qui ont été traitées précédemment (Revoir le § 482)

REMARQUES

§ **512.**—*Les notes de passage* peuvent se faire, non seulement entre deux notes essentielles d'un *même accord* (Exemples *A. B. C. D. E. F. G. H.*) mais encore entre deux notes essentielles d'accords *différents*. (Exemples *I. J. K.*)

§ **513.**— On ne pourrait parcourir un intervalle *plus grand que la quarte augmentée*, en passant par *tous les degrés intermédiaires*, sans rencontrer, en chemin, au moins *une* des *notes essentielles* de l'harmonie.

§ **514.**—En général, on ne doit faire les *notes de passage* que sur les *temps faibles* ou sur les *parties faibles* des temps, et seulement *après l'attaque* de l'accord. (Voir tous les exemples qui précèdent.)

NOTE DE PASSAGE

§ **515.**— La *valeur* d'une note de passage peut être *égale* à celle de la note essentielle qui la précède; elle peut être *plus courte*; elle est rarement *plus longue*.

§ 516.— *Toutes les parties* peuvent recevoir des *notes de passage*; on peut les pratiquer dans *plusieurs parties à la fois*: elles doivent, alors, marcher en *tierces*, en *sixtes*, ou par *mouvem¹ contraire.*

§ 517.—Les *rencontres* de notes qui ont lieu, dans l'exemple ci-dessus, entre les quatre parties, au 4ᵐᵉ temps des 3 premières mesures, sont d'autant *meilleures*, d'autant plus *harmonieuses*, qu' elles forment des *accords de passage*.

§ 518.—Au contraire, des *rencontres dissonantes* comme celles qui sont signalées dans l'ex- emple suivant, *sont à éviter;* à moins d'un mouvement *très vif*, à cause de leur dureté.

§ 519.—Certaines notes peuvent être traitées en *notes essentielles* ou en *notes de passage;* c'est-à-dire qu'on peut les *harmoniser* ou ne pas le faire; dans le 1ᵉʳ cas, elles produisent des *ac- cords de passage*.

Supposons, par exemple,
ce *chant donné* ou cette *basse donnée*.

§ **520.** — Il n'est pas possible de *remplir*, diatoniquement ou chromatiquement, un *intervalle disjoint* qui aboutit, par le mouvement *direct*, à *une quinte* ou à *une octave*, sans qu'il en résulte *deux quintes* ou *deux octaves* consécutives ;

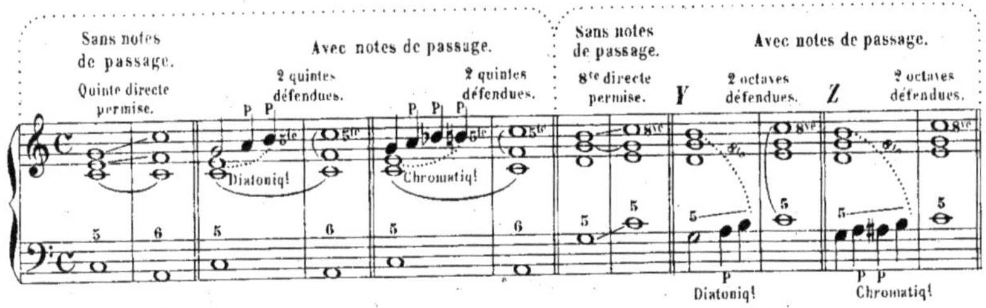

à moins, cependant, de pouvoir *modifier*, en même temps, *celle des autres parties* avec laquelle il y aurait eu faute.

§ **521.** — On ne peut ni *commencer* ni *finir* un *trait* par une *note de passage.*

§ **522.** — Dans l'emploi des *notes de passage*, il faut avoir égard *au ton* dans lequel on se trouve ; procéder comme dans la *gamme diatonique de ce ton* ou dans *l'une* de ses *gammes chromatiques :* (dans *la plus tonale*, autant que possible, §§ **459** et **473**), et *éviter*, surtout, d'*altérer*, mal à propos, les notes qui appartiennent aux *accords* employés. (Dans les exemples suivants nous n'avons indiqué par la lettre P que les notes de passage qui doivent attirer plus particulièrement l'attention)

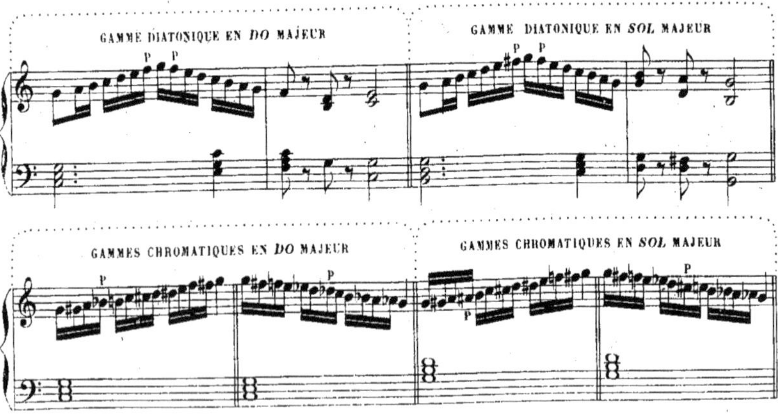

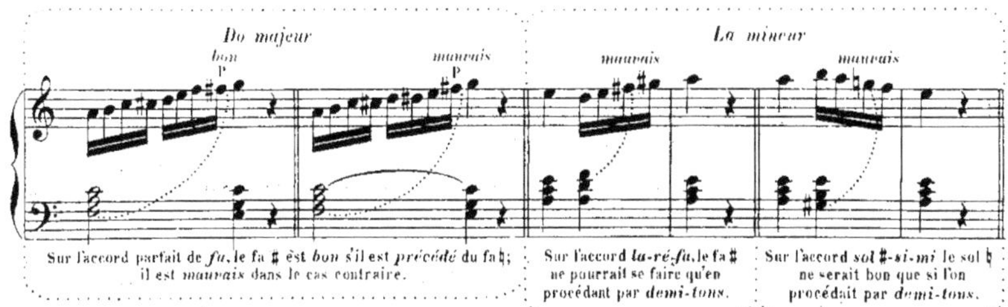

§ 523.—L'*altération non-préparée* d'une note de passage peut provoquer une *modulation*.(§

§ 524.—Mais si la note de passage altérée est précédée immédiatement de la *même note non-altérée*, elle n'oblige point à moduler.

DES 6me ET 7me DEGRÉS DU MODE MINEUR
employés comme notes de passage

§ 525.—Pour *monter* diatoniquement du 5me au 7me degré du mode mineur par le moyen du 6me degré employé comme *note de passage*, on se sert communément, de la *gamme mineure ascendante 2de forme* (6me degré *haussé*), pour éviter le saut de *seconde augmentée* qu'on aurait, sans cela, du 6me degré mineur à la *note sensible*.

§ 526.—Par la même raison, on se sert de la *gamme mineure descendante 2de forme* (7me degré *baissé*), pour *descendre* diatoniquement du 8me au 6me degré mineur, par le moyen du 7me degré employé comme *note de passage*.

§ **527.** — Pour *monter* diatoniquement du 6ᵐᵉ degré mineur à la tonique, on peut se servir de la *note sensible* ou du 7ᵐᵉ degré *baissé*.

§ **528.** — Pour *remplir*, diatoniquement, l'intervalle de *tierce majeure* qu'on trouve en descendant, de la *note sensible* à la *dominante* du mode mineur, dans les changements de position de l'accord du 5ᵐᵉ degré, on est obligé, si l'on veut *éviter* l'intervalle de *seconde augmentée*, de *hausser* le *6ᵐᵉ* degré d'un demi-ton chromatique.

OBSERVATIONS

Si, *après être descendu* du 7ᵐᵉ au 5ᵐᵉ degré, on *remonte aussitôt,* comme cela a lieu dans l'exemple précédent, ce 6ᵐᵉ degré *haussé,* employé comme *note de passage,* ne fait pas mauvais effet. (§ 486)

Mais, si au contraire, l'on devait *descendre encore,* le 6ᵐᵉ degré *haussé* rendrait le passage *très dur :* il serait donc préférable de procéder comme dans la gamme mineure 1ʳᵉ forme, malgré la *défectuosité* de l'intervalle de *seconde augmentée* qu'on y rencontre.

§ **529.** — Dans les gammes ou fragments de gammes diatoniques du mode mineur, le *passage du 5ᵐᵉ au 8ᵐᵉ degré* et réciproquement doit s'effectuer tantôt d'une manière, tantôt de l'autre, *selon l'harmonie employée.*

EXERCICES

Introduire des *notes de passage* dans les *marches* et les *leçons* suivantes.

MARCHES

Nº 120.

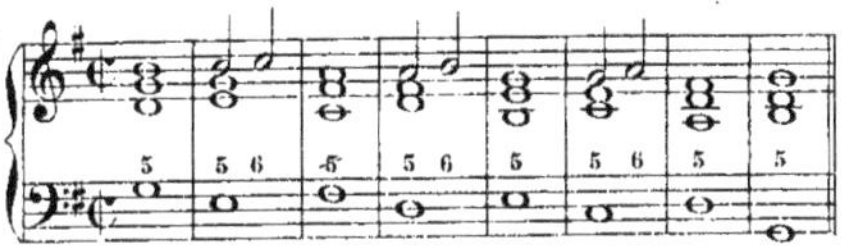

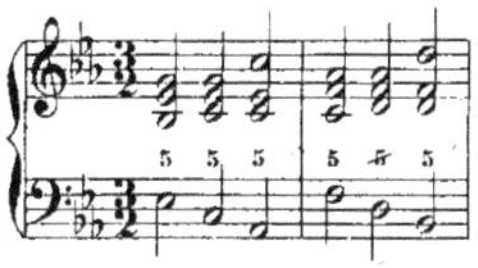

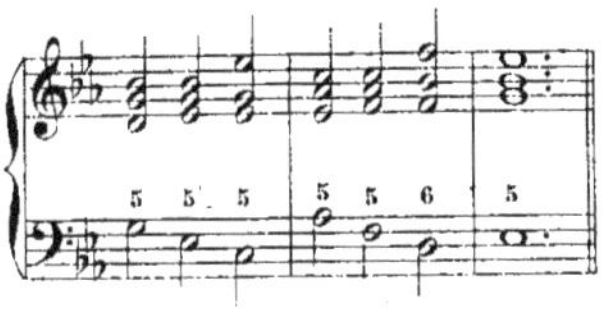

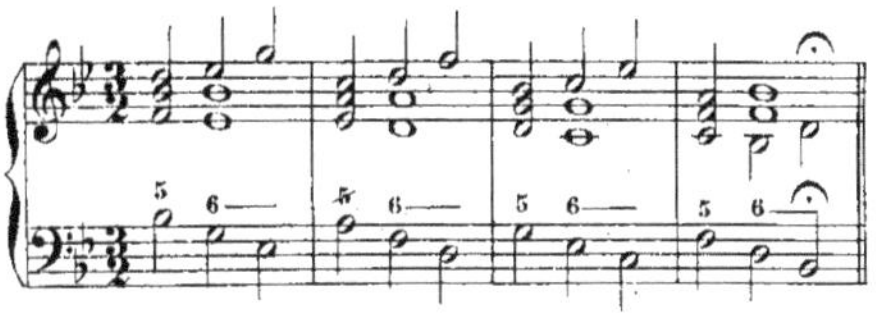

LEÇONS-MARCHES

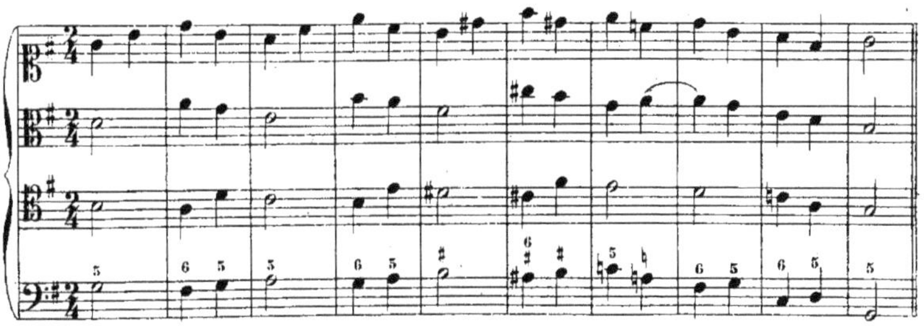

MODE MINEUR

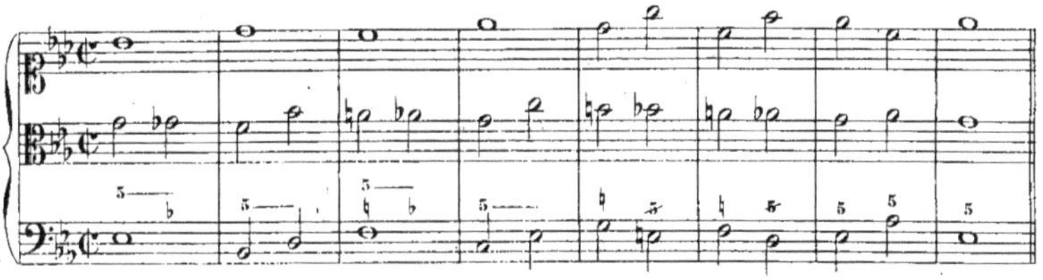

6ᵐᵉ degré haussé et 7ᵐᵉ degré baissé employés comme notes de passage.

CHAPITRE II

DES ORNEMENTS MÉLODIQUES

BRODERIE – APPOGGIATURE – ÉCHAPPÉE

§ 530.—Un *ornement mélodique* est une note étrangère à l'harmonie, qui se fait à la SECON-DE, *supérieure* ou *inférieure, majeure* ou *mineure,* de sa *note principale.*

On compte *trois espèces* d'ornements mélodiques; savoir:

la *broderie,* l'*appoggiature* et l'*échappée.*

Voici en quoi diffèrent ces trois ornements:

§ 531.—La *broderie, succède* à sa note principale, la *remplace* momentanément, et *retourne* à cette même note.

Elle occupe, généralement, un *temps faible,* ou la *partie faible* d'un temps. (Nous la désignons par la lettre B.)

§ 532.—L'*appoggiature,* au contraire, *précède* sa note principale.

Elle occupe, ordinairement, un *temps fort* ou la *partie forte* d'un temps. (Nous la désignons par la lettre A.)

§ 533.—L'*échappée,* comme la broderie, *succède* à sa note principale, mais *n'y retourne pas.* (Ce n'est, en somme, qu'une *broderie à résolution irrégulière,* dans laquelle résolution on fait l'*élision* de la note brodée)

L'échappée ne peut occuper qu'un *temps faible* ou, mieux encore, la *partie faible* d'un temps. (Nous la désignons par la lettre E.)

§ 534.—De ces trois ornements, la *broderie* est le *seul* qui soit admis dans le *style scolastique élémentaire:* c'est pourquoi les exemples qui vont suivre, ne contiendront ni *appoggiatures* ni *échappées;* bien que, cependant les règles énoncées aux paragraphes 535 à 546, 555 et 556 s'adressent à la fois *aux trois espèces.*

RÈGLES CONCERNANT L'EMPLOI DES ORNEMENTS MÉLODIQUES

§ 535.—Un *ornement* peut être: *supérieur* ou *inférieur, diatonique* ou *chromatique.*

§ **536.**—En général, *l'ornement supérieur* se fait au moyen du *degré diatonique* placé au dessus de sa *note principale*: que la distance qui existe entre ces deux notes soit d'*un ton* ou qu'elle soit d'un *demi-ton*.

§ **537.**—L'*ornement inférieur* se fait, le plus souvent, à la *seconde mineure* de sa *note principale*: lors même qu'on serait obligé d'avoir recours à une *altération* pour obtenir cette *seconde mineure*. (Cette altération *n'influe en rien* sur la tonalité et n'oblige nullement à moduler)

§ **538.**— Cependant, *tous les degrés* dont la note *diatonique inférieure* se trouve à distance d'*un ton*, peuvent être ornés au moyen de *cette note*.

MODE MINEUR

ORNEMENT SUPÉRIEUR DU 6ᵐᵉ DEGRÉ — ORNEMENT INFÉRIEUR DE LA NOTE SENSIBLE

§ **539.**— Un ornement quelconque *ne devant*, en aucun cas, *se trouver à plus d'un ton* de sa note principale; on est obligé, pour appliquer au *6ᵐᵉ degré* du mode mineur son *ornement supérieur*, de *baisser le 7ᵐᵉ degré d'un demi-ton chromatique*.

§ 540. — Il faut, par la même raison, pour obtenir *l'ornement inférieur* de la *note sensible du même mode, hausser* d'un *demi-ton* le *6ᵐᵉ degré*. Quelquefois, on *rapproche encore davantage* cet *ornement de sa note principale*, en élevant le 6ᵐᵉ degré de *deux demi-tons.*

(Ces altérations du 6ᵐᵉ et du 7ᵐᵉ degré du mode mineur ne provoquent aucun changement de tonalité.)

§ 541. — Certains ornements mélodiques entrainent, forcément, la modulation;

tels sont:

1° *Tous les ornements supérieurs* ou *inférieurs* qui, d'après la tonalité précédemment établie, ne devraient être qu'à un *demi-ton* de leurs notes principales, et qu'on en *éloigne* par altération, de manière à mettre la distance *d'un ton* entre la *note ornée* et son *ornement.*

2° *Généralement*, tous les *ornements supérieurs* qui, d'après la tonalité précédemment établie, devraient se trouver à *un ton* de leurs notes principales, et qu'on en *rapproche* par altération, de manière à n'avoir qu'un *demi-ton* entre la *note ornée* et son *ornement.*

§ 542. — Cependant, le *rapprochement* à un *demi-ton* de certains ornements supérieurs n'oblige pas toujours à moduler:

A. — Ainsi, l'ornement supérieur du *5ᵐᵉ degré* du mode majeur peut être *rapproché* de sa note principale *sans provoquer forcément aucun changement de ton ni de mode.*

B. — Il n'est même pas impossible de *conserver la tonalité établie*, tout en *rapprochant* de leurs notes principales les ornements supérieurs du *1ᵉʳ degré* des *deux modes* et du *6ᵐᵉ degré* en majeur. Mais un *tel emploi de ces ornements altérés* est *difficile* et, par cela même, assez *rare.*

RÉSUMÉ ET OBSERVATIONS COMPLÉMENTAIRES
concernant les ornements en général

§ 543.—L'*ornement supérieur* se fait, en général, *diatoniquement;* on peut l'*altérer*, cependant, soit pour *moduler*, soit pour donner *plus d'expression* à la mélodie.

§ 544.—L'*ornement inférieur* se fait, généralement, à un *demi-ton;* mais certains degrés l'admettent à *un ton*.

§ 545.—Le *5ᵐᵉ degré* des *deux modes* parait exiger, plus qu'aucun autre le *rapprochement* de son *ornement inférieur*.

§ 546.—Le 3ᵐᵉ et surtout le 7ᵐᵉ degré du *mode majeur,* le 2ᵐᵉ et plus encore le 7ᵐᵉ degré du *mode mineur,* sont ceux auxquels convient le mieux l'*ornement inférieur* à distance d'*un ton*.

Il est bon d'observer, d'ailleurs, que certains ornements rapprochés à ½ ton de leurs notes principales, peuvent donner à la mélodie un *caractère d'affectation* qui ne saurait convenir à tous les styles: particulièrement, au *style simple et sévère*.

CHAPITRE III

DE LA BRODERIE.

(Consulter les §§ 530, 531 et de 535 à 546.)

§ 547.—On peut *broder,* non-seulement les *notes essentielles* de l'harmonie, mais encore les *notes de passage* et celles d'*ornement* quellesqu'elles soient.

§ 548.—La *valeur relative* d'une broderie peut être *égale* à celle de la *note principale* qui la *précède;* elle peut être *plus courte;* elle est *rarement plus longue.*

§ 549.—Quant à la *valeur absolue* qu'on peut donner à la broderie, elle dépend de l'*effet plus ou moins dur* qu'elle produit avec les notes de l'harmonie: elle excède rarement la durée d'*un ou deux temps,* surtout dans un mouvement lent.

§ 550.—*Toutes les parties* sont susceptibles de recevoir des *broderies;* on peut les pratiquer dans *plusieurs parties à la fois:* comme les notes de passage *simultanées,* elles doivent alors marcher en *tierces,* en *sixtes* ou par *mouvement contraire.*

§ **551.** — *Trois broderies simultanées,* marchant par *mouvement semblable,* et produisant comme une *suite d'accords de sixte* en position directe, peuvent se faire aussi, malgré la succession de *quartes justes* qui s'y trouve, entre deux des parties brodées.

§ **552.** — Mais, si les *parties brodées* étaient disposées en *quarte et sixte:* la succession de *quartes justes* qu'elles produiraient, *peu satisfaisante entre les parties intermédiaires,* deviendrait *mauvaise* si l'une des *parties extrêmes* concourait à sa formation, *plus mauvaise encore si elle avait lieu entre ces deux parties* (Revoir le § 329)

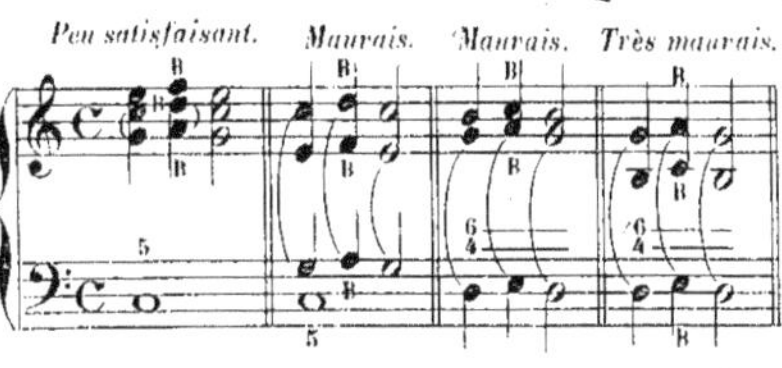

à moins d'être exécutée très rapidement;

ou de procéder par demi-tons aux trois parties brodées.

§ **553.** — On doit éviter des *broderies simultanées* comme les suivantes, qui produisent la fausse relation de triton; laquelle résulte de la succession par le mouvement ascendant ou descendant d'*un ton,* de *2 tierces majeures* ou de *2 sixtes mineures.*

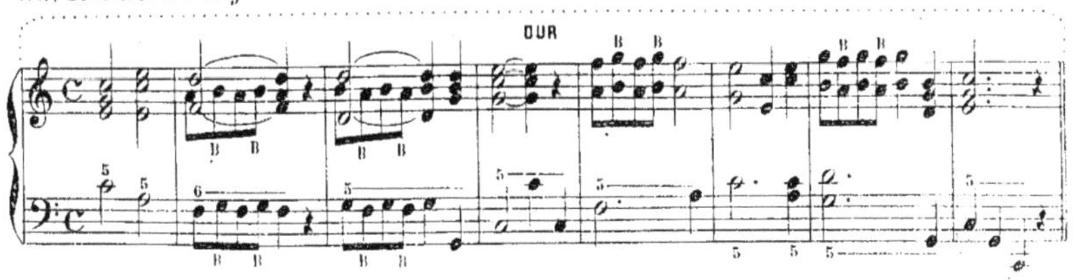

§ **554.**—Les *broderies simultanées* prises à *un demi-ton* de *leurs notes principales* ne produisent pas ces fausses relations, malgré les successions de tierces majeures qu'elles peuvent former.

§ **555.**—De *deux notes* en rapport *d'octave*, l'une peut être *brodée* pendant que l'autre est *tenue* ou *répétée;* et surtout, s'il se trouve entre elles *une* ou *plusieurs parties intermédiaires*.

§ **556.**—Il faut craindre, cependant, de *broder* par le *demi-ton* soit supérieur, soit inférieur, la *tierce majeure doublée* d'une fondamentale quelconque, à moins de la faire en *valeurs très brèves*.

§ **557.**—*L'unisson* ne doit jamais se *broder*.

§ **558.**—En général, il est *mauvais*, qu'une broderie inférieure ayant quelque durée, vienne produire un *frottement de seconde mineure* contre l'une des notes essentielles de l'accord.

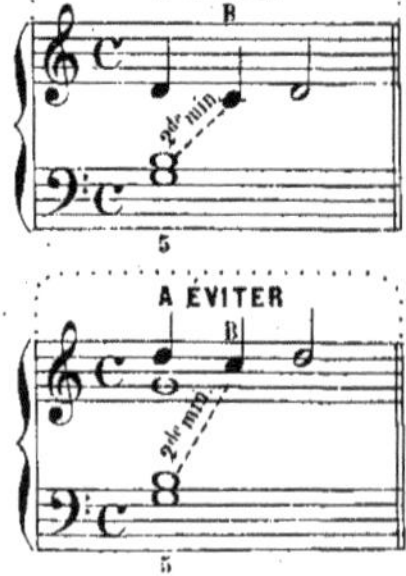

§ **559.**—*L'éloignement à l'octave* de l'une des deux notes formant *seconde mineure,* n'atténue pas toujours, suffisamment le mauvais effet de la *dissonance* qu'elles produisent.

§ 560.—Il vaut mieux, en pareil cas, *rapprocher* la broderie de sa note principale, de manière à ne produire qu'un frottement de *seconde majeure* avec l'autre note.

§ 561.—*Une même note,* servant à la fois de *broderie supérieure* dans une partie et de *broderie inférieure* dans une autre, serait d'une *grande pauvreté,* si elle n'était faite *très rapidement.*

§ 562.—*L'accord peut changer* au moment où *la broderie revient* à sa note principale; et même, *pendant* la durée de la *broderie.*

§ 563.—Une *broderie,* ayant quelque *importance* comme *durée,* ne doit pas déterminer en *retournant* à sa note principale, ni l'*octave directe,* ni la *quinte directe* entre les *parties extrêmes;* à moins que cette *octave* ou cette *quinte* ne se trouve dans l'un des exceptionnels signalés aux §§ 117, 120 ou 233.

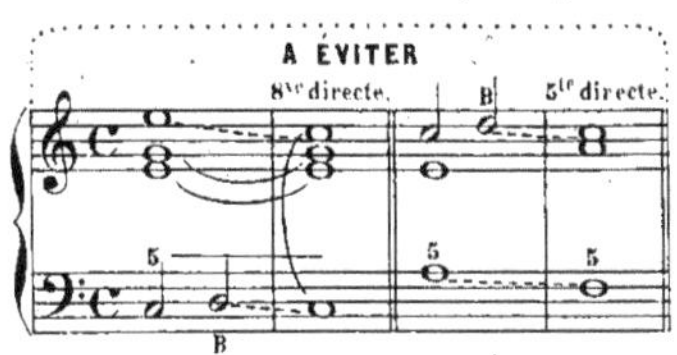

§ 564.—Lorsqu'une *note principale* et l'une de ses *broderies,* ou *toutes les deux,* se succèdent *rapidement* et plusieurs fois de suite, comme des *battements de trille,* l'attaque d'un *nouvel accord* peut coïncider avec celle d'une *broderie.* Ces sortes de dessins permettent aussi de faire des *quintes consécutives,* dont l'une est formée par *une note essentielle et une broderie,* et l'autre par *deux notes essentielles.*

§ **565.**— Certaines notes peu-vent être traitées en *notes essenti-elles* ou en *broderies*.

BRODERIES SIMPLE, DOUBLE ET TRIPLE

§ **566.**— Lorsqu'une *seule note* de l'accord est ornée d'une *seule broderie* celle-ci est appelée *broderie simple*. (Voir les exemples des §§ 535 à 540.)

§ **567.**— Si l'on *brode* à la fois *deux* ou *trois* notes de l'accord, la broderie est *double ou triple*. (Voir les exemples des §§ 550 à 554.)

BRODERIES SUCCESSIVES

§ **568.**— Quand la *broderie supérieure* et la *broderie inférieure* se succèdent, dans un ordre ou dans l'autre, *avant de retourner définitivement* à leur note principale, on les appelle *broderies successives*.

§ **569.**— Des *broderies successives* peuvent avoir lieu dans *deux parties* à la fois: elles forment alors des *broderies successives doubles*.

§ **570.**— On *intercalle* parfois, entre les deux bro-deries, leur *note principale;* laquelle, ainsi placée, rem-plit seulement l'office de *note de passage,* le *retour définitif* à la note principale n'ayant lieu qu'après l'a-chèvement des *broderies successives*.

FAUSSE RELATION PERMISE

§ **571.**— On permet la fausse relation qui peut ex-ister entre deux *broderies successives-doubles* dont l'une est obtenue par *altération*.

Voir l'exemple

EXERCICES

Varier les marches suivantes de plusieurs manières en y ajoutant des broderies.

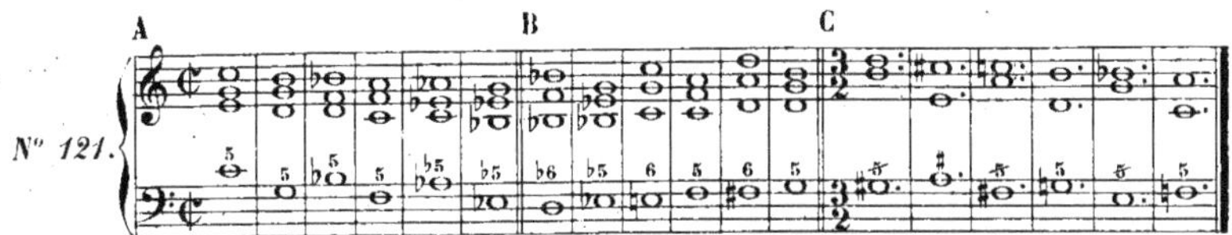

Ajouter des broderies aux leçons suivantes.

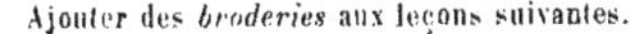

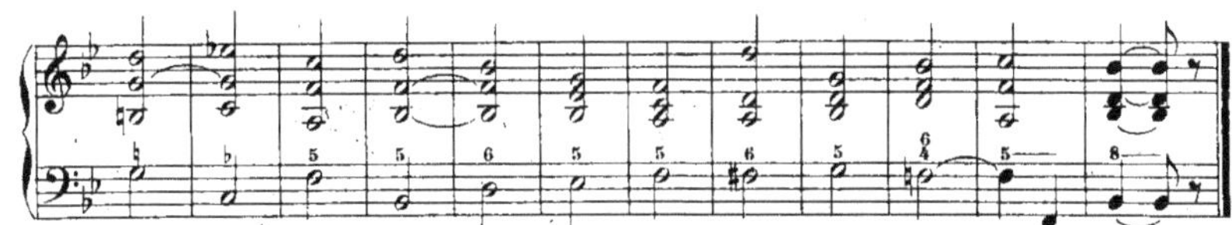

MODE MINEUR

Broderie supérieure du 6me degré, broderie inférieure du 7me.

CHAPITRE IV

DE L'IMITATION

RÈGLES GÉNÉRALES

§ **572.**—On appelle *imitation*, la *reproduction*, dans une partie, d'un *dessin mélodique* entendu, précédemment, dans une autre partie.

Le dessin proposé se nomme *antécédent;* la reproduction de ce dessin dans une autre partie se nomme *conséquent*.

§ **573.**—Le *motif d'une imitation* peut n'être composé que de *notes essentielles*.

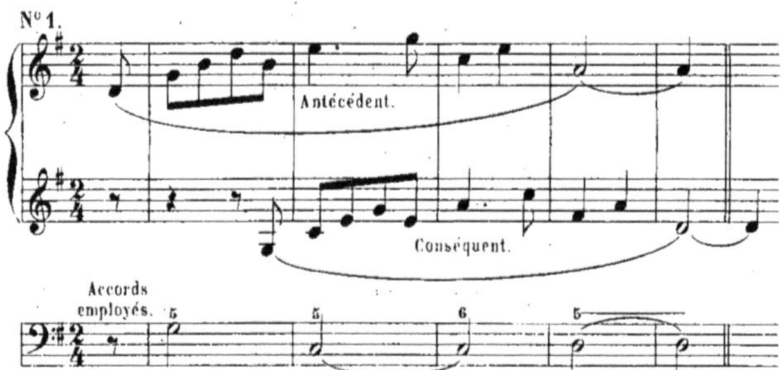

mais, en général, il renferme des *notes étrangères* aux accords,

§ **574.**—Une imitation peut se faire à un *intervalle quelconque: seconde, tierce, sixte* ou *septième* plus bas ou plus haut que le dessin proposé; (voir les exemples N°s 8 à 15 qui suivent) mais, le plus souvent, elle a lieu à l'*unisson* ou à l'*octave*, à la *quarte* ou à la *quinte* (*) (voir les exemples N°s 1 et 2 qui précèdent et les N°s 3 à 7, 16 et 18 qui suivent.)

(*) C'est de la *première note de l'antécédent* à la *première note du conséquent* que l'on compte cet intervalle.

DE DIVERSES ESPÈCES D'IMITATIONS

§ 575.—Une *imitation* est plus ou moins *exacte*, plus ou moins *régulière* ou *irrégulière*, comme *intonation*.

(Quant au *rythme*, il doit être *le même* aux deux parties qui s'imitent.)

IMITATION EXACTE

§ 576.—L'*imitation exacte* est celle où le conséquent répond à *tous les intervalles mélodiques* de l'antécédent par des *intervalles identiques;* c'est-à-dire: à une *seconde majeure* par une *seconde majeure*, à une *tierce mineure* par une *tierce mineure* etc...

IMITATIONS EXACTES

(*) Les quelques notes ou les quelques mesures qui servent de *terminaison* à une phrase *commencée en imitation* prennent le nom de CODA.

(**) Bien qu'en réalité cette imitation ait lieu à la *onzième inférieure*, elle peut être considérée comme étant à la *quarte*, celle-ci portée à l'octave grave.

IMITATION RÉGULIÈRE

§ 577.— Lorsque dans une *imitation* on répond à un intervalle *majeur* par un intervalle *mineur*, à un intervalle *juste* par un intervalle *diminué* ou *augmenté*, et réciproquement, l'imitation *n'est pas exacte;* néanmoins, elle est *régulière* dès qu'on répond à une *seconde* par une autre *seconde*, à une *tierce* par une autre *tierce* etc....

IMITATIONS RÉGULIÈRES

A LA SECONDE SUPÉRIEURE

N° 8.

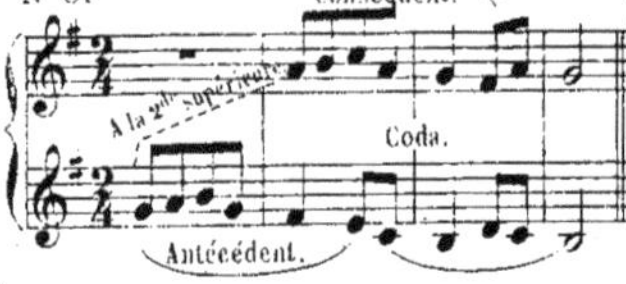

A LA SECONDE INFÉRIEURE

N° 9.

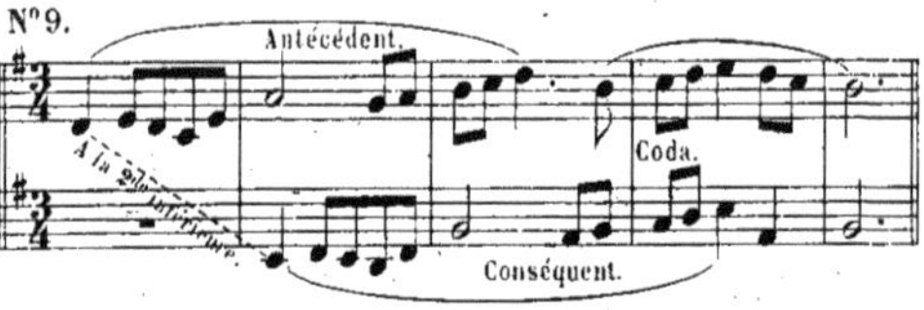

A LA TIERCE SUPÉRIEURE

N° 10.

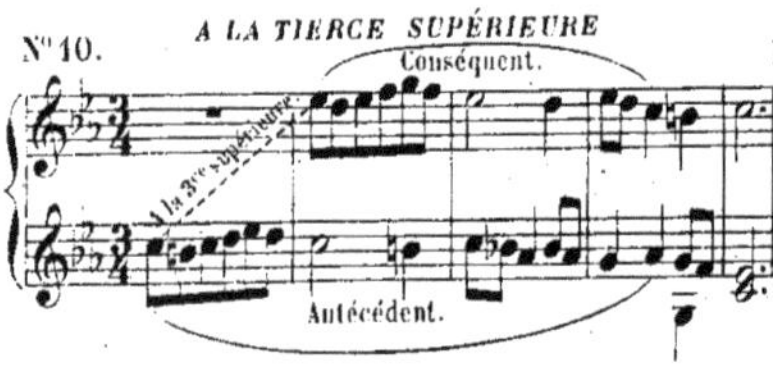

A LA TIERCE INFÉRIEURE

N° 11.

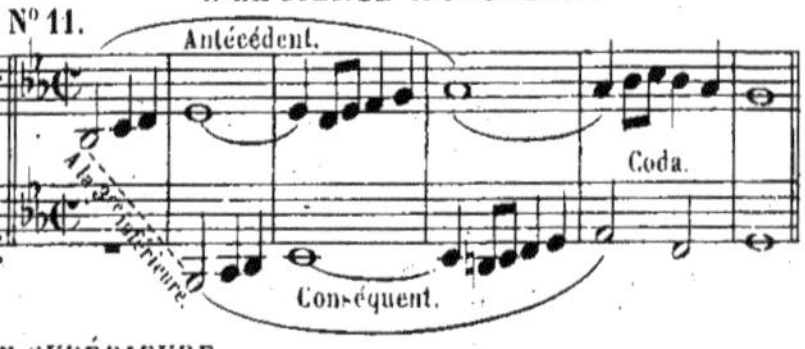

A LA SIXTE SUPÉRIEURE

N° 12.

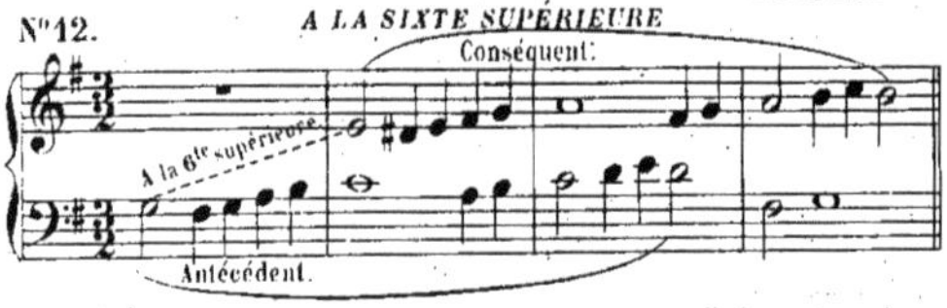

A LA SIXTE INFÉRIEURE

N° 13.

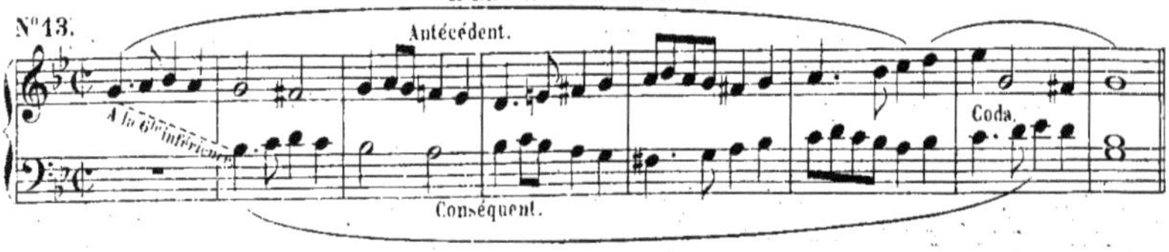

A LA SEPTIÈME SUPÉRIEURE

N° 14.

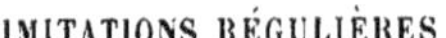

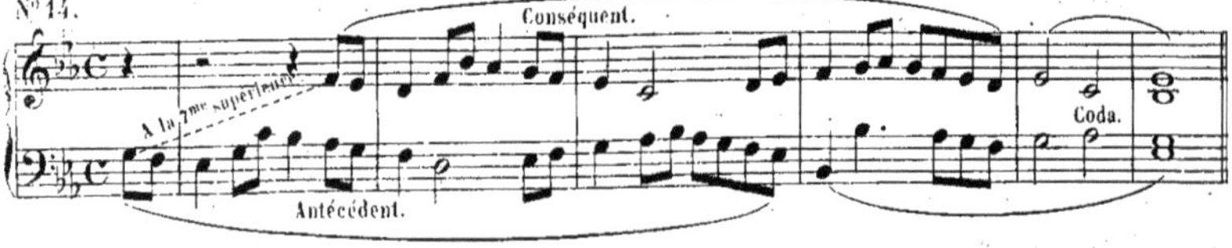

A LA SEPTIÈME INFÉRIEURE

N° 15.

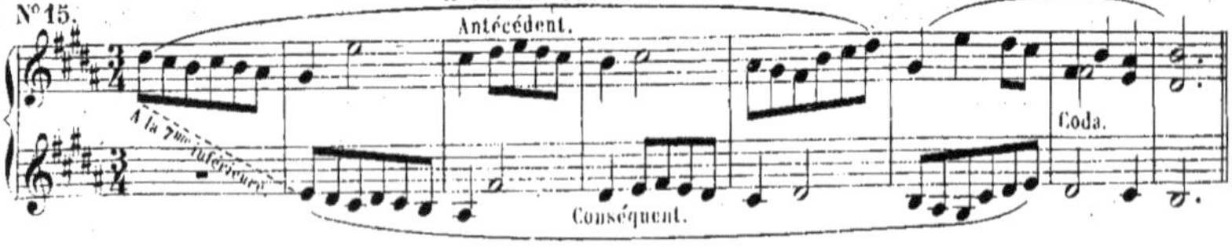

IMITATION IRRÉGULIÈRE

§ 578.— L'*imitation* est *irrégulière*, quand il s'y trouve *un* ou *plusieurs* intervalles mélodiques, *différant*, par le *nombre de degrés* dont ils sont composés, de ceux qui ont été proposés par l'antécédant.

IMITATION RYTHMIQUE

§ 579.— L'imitation rythmique est celle qui a lieu lorsqu'une partie reproduit *seulement le rythme* du dessin proposé par une autre partie

CANON

§ 580.— On nomme *Canon* (*) une *imitation exacte* ayant de grands développements. (**)

(*) Le mot *canon* est pris ici dans le sens de *règle, loi*, parce que les parties y sont astreintes à l'*imitation régulière et continue*.

(**) Une *imitation exacte* moins développée peut être appelée *imitation canonique*.

CONTREPOINTS RENVERSABLES

§ 581.— *Deux parties* combinées de telle sorte que chacune d'elles puisse servir de *basse* à l'autre forment ce qu'on appelle un *contrepoint double* ou *contrepoint renversable* à deux parties.(*)

§ 582.— *Trois parties renversables* produisent un *contrepoint triple*.

(*) En renversant les *contrepoints double, triple* et *quadruple* on produit des *imitations* entre les parties qui les forment: elles *s'imitent réciproquement*.

(**) Pour donner *plus de relief* à une imitation, pour la rendre *plus saisissable*, on peut la faire *précéder d'un silence*, ne fut-il que d'un demi-temps.

(***) Le renversement d'un *contrepoint double, triple* ou *quadruple* peut avoir lieu dans *un autre ton* que celui de ce contrepoint. Il en est de même d'une imitation quelconque.

§ 583. — *Quatre parties renversables produisent un contrepoint quadruple.*

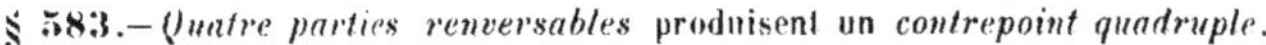

EXERCICE

Réaliser les marches suivantes qui contiennent des notes de passage et donnent lieu à des imitations.

MARCHES A IMITATIONS

MÉTHODE A SUIVRE
pour trouver l'harmonie d'une Basse ou d'un Chant
contenant des Notes de passage ou d'ornement

§ **584.**— Procéder ainsi qu'il suit :
1° Reconnaître le *ton principal* ainsi que les *différentes tonalités* par lesquelles on passe.
2° Déterminer la *nature des diverses cadences* qui marquent les fins de phrases.
3° Dégager les *notes réelles* de l'harmonie des *notes étrangères* dont elles sont entourées.

OBSERVATION

§ **585.**— Il n'est pas toujours facile de distinguer, dans une mélodie, les *notes de passage* ou *d'ornement* des notes essentielles de l'harmonie. On sait, d'ailleurs, que certaines notes peuvent être traitées en *notes réelles* ou en *notes étrangères* (§§ 519 et 565) selon que le morceau comporte une harmonie plus ou moins *serrée,* plus ou moins *large.*

Ce n'est qu'en observant très soigneusement, de l'œil et *surtout de l'oreille,* des exemples comme ceux qui sont contenus dans les chapitres I, II et III qui précèdent, (*) que, se pénétrant bien du *caractère particulier* de chacun des *artifices mélodiques* qui y sont employés, on pourra les reconnaître sûrement partout où ils se trouveront.

Cependant, et bien qu'on ne puisse formuler aucune règle certaine pour déterminer, *à priori* et dans tous les cas, quelle doit être l'espèce de *chacune des notes d'une mélodie,* nous croyons utile de donner quelques indications générales pour aider à dissiper, au besoin, les indécisions de l'oreille.

NOTIONS
propres à faciliter l'analyse d'une partie donnée
contenant des notes étrangères à l'harmonie

DEGRÉS DISJOINTS

NOTES RÉELLES OU ESSENTIELLES

§ **586.**— Une note en *rapport disjoint* avec *celle* qui la *précède* et avec *celle* qui la *suit* doit, le plus souvent, être considérée comme *note réelle.*

D'après cela, les deux exemples suivants ne renferment que des *notes réelles*. (Nous désignons par ce trait _ les notes essentielles contenues dans tous les exemples qui suivent.)

(*) Et, plus tard, ceux que contiennent les pages

DEGRÉS CONJOINTS

NOTES DE PASSAGE

§ 587.—Dans toute *série* de sons *montant* ou *descendant* par *degrés conjoints* et commençant sur une *partie forte* de la mesure, on peut traiter en *notes de passage*:

1° La 2me d'une série de *trois*;

2° La 2me d'une série de *quatre*;

et quelquefois, la 2me et la 3me de pareille série.

3° La 2me et la 4me d'une série de *cinq*;

et quelquefois, la 2me et la 3me de pareille série.

Dans les séries plus longues (qui ne sont que des *composées* des séries précédentes) la 2me note est toujours *note de passage*; les autres notes de passage sont, selon le cas; les 4me, 5me et 7me; ou 3me, 5me et 7me; ou 4me 6me et 7me.

§ 588.—Dans les *gammes* ou *fragments de gamme chromatiques*, les *altérations* intercalées entre les notes diatoniques sont, nécessairement, des *notes de passage*.

SÉRIES DE TROIS NOTES DIATONIQUES
avec notes chromatiques intermédiaires.

NOTA.—Toutes les notes qui, dans des séries comme les précédentes, ne sont pas *notes de passage*, sont des *notes essentielles*; et réciproquement.

BRODERIES

§ 589.—Toute note qui, placée au temps faible, est *précédée* et *suivie* de son degré inférieur, peut être considérée comme la *broderie supérieure* de ce degré.

BRODERIES SUPÉRIEURES

§ 590.—Toute note qui, placée au temps faible et à la *seconde mineure* de son degré supérieur, est *précédée* et *suivie* de ce degré, peut être considérée comme sa *broderie inférieure*.

BRODERIES INFÉRIEURES

Pour les cas particuliers, revoir les §§ 538, 539, 540 et 548.

N.-B. Si l'on veut, dès à présent, *étudier à fond* toutes les notes étrangères à l'harmonie, on les trouvera traitées: —1° l'appoggiature, à la page   et suivantes; —2° l'anticipation et l'échappée, à la page   et suivantes; —3° la syncope, à la page

— FIN DE LA PREMIÈRE PARTIE —

A.L.8591.

www.ingramcontent.com/pod-product-compliance
Ingram Content Group UK Ltd.
Pitfield, Milton Keynes, MK11 3LW, UK
UKHW021902070726
13613UKWH00001B/289